JN112369

接客ガチトレ

ガチトレ

集客力・客単価UPの
仕組み、教えます

成田直人
Narita Naoto

明日香出版社

はじめに

高単価が感動をもたらし
次の顧客を連れてくる理由

　こんにちは、店舗コンサルタントの成田直人です。
　これまでに 15 年間 250 社以上の法人向けに教育研修や店舗コンサルティングを実施して目標達成を支援してきました。

　本書は、15 年間店舗ビジネスの課題や理想と向き合ってきた中で見つけた店舗経営ノウハウ集大成の本です。
　毎日多くのお客様に囲まれる繁盛店を作るためには、客単価を上げることこそが重要だと辿り着きました。

　おそらく多くの方が、「客単価を上げたらお客様は離れていくのでは？」と思うかもしれません。
　世の中は不景気で客単価を下げた薄利多売が当たり前ですよね。
　ドラッグストアに行けば、「えっこんなに安いの？」と日用品の安さに驚きますし、家電量販店に行けば、他店徹底対抗というPOP が貼ってあって低価格で勝負をしています。
　その中であえて高単価で勝負をすることは店舗経営におけるリスクではないのか？そう思う方がむしろ自然かもしれません。
　しかし、私は、真逆の発想を持っています。リスクどころか確実に繁盛する唯一の手法であると私は確信しています。

　お客様が欲しいと思った商品を買う際には基本的に価格 .com

3

やネットで調べて最安値を探しますよね。

　きっとあなたも新しいウィンドウズの PC を買うときはネットで最安値のショップを探すと思います。

　何を言いたいのかというと、顧客の欲しいに応えるだけでは価格勝負に巻き込まれて利益率を大幅に落として販売しなければいけない、ということです。

　薄利多売では当然ながら現場に負担が重くのしかかります。1 万円の利益を出すのに、1 台 1000 円の利益であれば 10 台販売しなければいけません。

　しかし、1 台 1 万円の利益が出るのだとしたら現場の負担も少なくてすみます。

　「そんな魔法はあるのか？」と思うかもしれませんが、事実あります。

　顧客の欲しい商品を販売するだけではなく、接客販売を通して顧客の欲しいを超える商品を提案することで価格勝負から逃れ「店舗でしか体験できない価値（顧客体験と呼ぶ）」で勝負することができるようになります。

　価格で選ばれるのではなく、体験価値で選ばれる店舗を作ることができればオンラインショッピングをはじめとした低価格で同等の商品を販売する市場に勝つことができます。

　さらに、顧客も自分に相応しいと思っていた商品が実は相応しくなく、もっと良い商品があることを教えてくれた店員の接客に感動してファンになります。次からは「○○さんにお願いをしよう」と価格で選ばれる店から販売員で選ばれる店になることができる、ということです。

　これからの時代、競争は激化するばかりです。1日も早く薄利多売の競争から抜け出し、顧客にとってオンリーワンの存在になることで集客に困らない店舗経営が実現できます。

　しかも今の時代は、ファンが拡散する「口コミ」のシステムが充実しています。

　一人の口コミで無限の見込み客を来店に導くことが可能です。

　お金をかけてお客様を集めるのではなく、お客様が自然と集まる店を本書を通して一緒に実現していきましょう。

● も く じ ●

第 **5** 章 お金をかけずにお客様を集める
口コミ集客

カバーデザイン：小口翔平（tobufune）
校正：鷗来堂

第 **1** 章

客単価を
上げるべき
7つの理由

1-1 欲しいものを売ると次回からオンラインで買われる

‖ 欲しいものを売るだけでは足りない！

　私は今、単価 3000 円～ 1000 万円クラスまでの商品を店頭で販売、もしくはサービスを契約する支援をしています。

　もしかしたらあなたの業界も担当したことがあるかもしれません。価格帯関係なく共通しているのは、**お客様が求めている商品やサービスを販売するとリピート率が落ちる**（サービスの場合は初回来店するが本契約を逃す）傾向があるということです。

　私が教育研修やコンサルティングで入る際にどの企業の経営者も担当者も口を揃えて言うのが

　「欲しいものを売るのでは不十分なのですか……ちょっと言っている意味がわかりません」です。

‖ 買わずに帰るのはなぜか？

　来店する顧客がたとえばパソコンを買いに来たとしましょう。単価が 10 万円のパソコンだとします。

10

　店員さんを呼んで、「このパソコンってどうですか？」「使いやすいですか？」「持ち運びしやすいですか？」と聞きたいことを聞いてそれに店員が答えたとします。

　そしてお客様は「ありがとうございます。ちょっと考えます」と言ってその場を立ち去ります。

　私もパソコン専門店で働いていたのでわかりますが、よくある接客例です。

　ではこの人はどこでパソコンを買うのか？

　答えはネットです。

　価格.comを開いて最安値を調べてお目当てのパソコンを購入します。

　店頭は、プロの販売員に自分が欲しいと思っているパソコンの判断が間違っていないかを確認する、来店前に疑問点があってネットで調べても答えが見つからないことを聞いてみる、といったプロにアドバイスをもらう、実機を触って感触を確かめる場所になっているだけです。

　店舗で購入せずに、ネットで購入されてしまいます。

　なぜなら、ネットで買った方が安いからです。

　以前スポーツ用品店のとあるオーナーに「店で試着をして買わずに出ていくんですよ。なぜだろう……と試着室から出てきたお客様を注視していたら、商品バーコードをスキャンして最安値を探していたんですよ。どう思いますか？」と聞かれたので「たぶん、私もそうします」と素直に答えました。

欲しい商品を販売する行為（自社商品を除く商品やサービス）は最安値をオンラインで探されるリスクが極めて高いです。

　人はなぜ最安値で購入するのかというと、安く買えてラッキー！という感情もあるのですが、損失を最小限に抑えたいという心理が働いてできる限り安く買う、という行動に出るのです。

‖ 価格勝負では人は集まらない

　ここまでお読みいただいておわかりだと思いますが、接客販売をする販売員や営業が顧客の欲しい商品について一生懸命説明をするだけではいつまでも価格勝負に巻き込まれるだけで繁盛店にはならない、ということです。

　仮に、低価格で売れたとしてもリピーターになることはないでしょう。

　なぜなら、このお客様は安いから購入したのであってこの店舗でなければいけない理由はどこにもないからです。

　もっと安く買える店舗・オンラインショップが見つかったら次からそこで購入するだけです。

1-2 薄利多売は超大手企業に許された特権でしかない

‖ 低価格で販売できる企業とは？

　欲しい商品を低価格で販売し続けられる企業は果たしてあるのか？

　前項と矛盾した回答になるかもしれませんが、あります。

　しかし、一部の企業だけです。

　私は仕事柄、中小企業から業界シェア1位の企業まで様々な企業を担当しています。そこで、大手企業に「えっ!? この低価格で販売しているのにそんなに粗利率高いんですか？」と話を聞くと、競合店舗の半額程度で商品を仕入れることができているとのことでした。

　聞いたときは衝撃でしかなかったのですが、理由はバイイングパワー（大量仕入れ）にあるということで、これには納得しかありませんよね。

　年商数億と年商数千億では仕入れ価格に大きな差があるのは当然です。

競合の店頭価格が自社の仕入れ価格、というのはざらで価格勝負しようとするとこういった資本や規模がある企業が勝てる土俵に挑むことになるので、牙城を崩すことはなかなか難しいのではないかと思っています。

　両者の経営状況を知る立場だからこそ、一部の大手企業以外は価格勝負をしない方が良いと私は考えています。

┃ 薄利多売は従業員の負担が増える

　また、中小企業が薄利多売戦略の低価格で販売をすることの弊害として、利益率が落ちるだけではなく**従業員の負担増**が挙げられます。

　大手企業は店舗で働く従業員の負担を最小限にするためのシステム投資が毎年莫大にあります。そのため、店舗運営に必要なオペレーション業務である入荷検品や在庫管理も中小企業の従業員に比べたら相当楽です。

　薄利多売を選択することでより多くの商品を販売しなければいけなくなり、ミスが増えることが容易に想像されるのでおすすめしません。クレームも増えて仕事に嫌気が差す従業員も出てくるでしょう。

‖「安いから買う」は大敵

　また、利益や従業員の士気だけにとどまらず、ブランドにも
影響が出ます。

　**一度低価格の印象がついてしまうと高価格で勝負する難易度
は劇的に上がります。**

　「安いから買う」という一定の購買理由と認知が取れている
以上、覆すのは難しいです。

　あなたも、もし既存の利用しているサービス（サブスクなど）
が値上げをする、となったら「え？」と不快感が生まれますよね。

　一部の大手企業は低価格で勝負しても適切な利益が得られる
分躊躇なく行っても良いかもしれませんが、それ以外の企業は
限界ギリギリまで利益を落としてまで商品を販売する、という
安易な戦略を選択しない方が良いと思います。

　それよりも、本書でこれから紹介するノウハウを使って高価
格でも商品やサービスが売れる方法を実践した方が、結果的に
顧客がファンになるし、お金をかけずに集客することができる
ようになります。

1 - 3 プロ販売員の“想定外”のアドバイスが固定ファンを作る

顧客をリピーターにするには？

　欲しい商品を販売するとオンラインショップに顧客を奪われると先述しましたが、どうしたら顧客をリピーターへと昇格させられるかをここではお話しします。

　前著の『お客様はもう増えない！　だから接客で客単価を上げなさい』でも紹介しましたが、お客様が欲しいと思っている商品の購買理由（ニーズ）を聞き出し、プロ視点で商品提案をして「やっぱりあの人の言う通りにしておいてよかった」と思わせることで顧客感動が生まれます。

　この感動はリピート来店の決定的な理由となり、常連客となっていきます。

潜在ニーズを見つけ出す

　仮にお客様が購入しようと思っている靴Aがあるとします。このままただ商品を販売するだけだと、全く同じ商品をオン

ラインショッピングで、30％オフで購入することができます。

　店内で気づけばおそらくオンライン決済をして店を立ち去るでしょうし、仮にそこで購入しても、買い替えようと思ったときにネットで調べて安く売っていれば来店もせずに購入することになります。

　一度購入しているのでサイズ感の確認をする必要がないからです。

　こうなるとリピーターに育てることは不可能になります。

　ではファンになってもらうためにはどうしたらいいのか？

　それには、**靴Aをなぜお客様は選んだのか？の理由を確認する接客**が必要になります。

　ニーズを知ることができなければプロ視点での提案ができないからです。

　話を聞いてみて、これまで靴Aと同様のタイプを購入していろんな不満があったと教えてもらえたとしましょう。

　たとえば、

① **靴の持ちが悪い**

　　→靴底のゴムが柔らかいからすり減りやすい

② **クッションがすぐに悪くなる**

　　→最初は快適でも段々クッションが潰れてなくなる

③ **長時間立っていると足腰が痛い**

　　→ソールの反発性が低いため足腰への負担がダイレクトにくる

これらの悩みや不満があっても、このお客様は靴Aと同様のタイプを購入しては仕方なく履いていたわけです。

　苦痛になれてしまっているのでニーズは表面化していません。

　このように話をして**潜在ニーズ（言われてみればたしかにそうだ！という気づき）を表面化することで顕在ニーズを拡張することができます。**

　これこそが想定外であり顧客は「やっぱりプロは違う」と唸るわけです。

　今後は欲しい商品を右から左に売るのではなく、顧客の知覚（欲しい商品）を超える提案をして想定外の価値を提供することで客単価を上げて、顧客満足度も感動の領域にもっていくことが接客販売の役割になります。

　明らかに20年以上前よりも販売員に求められるものが変わりましたが、想定外を生み出すこの領域で戦っていかなければ店舗で購入する価値はなくなり、オンラインショッピングに顧客は流れるでしょう。

　想定外の価値＝高単価を実現する接客術を身につけることが必須です。

1-4 売上よりも利益額を高めることで店舗経営とメンタルは安定する

▌客単価が上がれば利益額も上がる

　客単価をアップすることの理由の一つに店舗経営の財務状況が挙げられます。

　薄利多売で低い利益率の商品を量販することも戦略の一つですが、先に挙げた通りおすすめしません。

　接客販売を通して高単価の商品を販売することで利益額が増加します。

　たとえばお客様が靴A（5000円・粗利額3000円）の商品を購入すれば利益額は3000円となります。

　しかし、接客販売をして顧客のニーズを広げることに成功し靴B（9800円・粗利額6000円）になることで同じ時間にもかかわらず粗利額は倍になりますよね。

　当たり前のことなのですが、後者を目指して接客販売をしている店舗は少ないです。

‖ メイン商品の客単価を上げる

「いやいや、うちの店は客単価アップに努めていますよ！」
というところもあるかもしれません。

しかし、その多くが付属商品（これもとても大切です）をお
すすめすることが中心になっています。

メインの商品の客単価を上げる努力も忘れてはいけません。

なぜなら、まずはメインの商品で想定外を作り出し、顧客感
動を作り出さなければいけないからです。

付属商品や関連商品を一緒に販売するのはメインの商品の客
単価アップがあってこそ価値が高まります。

私は趣味でキャンプに行くのですが、先日あるスポーツ用品
店へレインウェアを購入しに行きました。

最初は安いレインウェアでいいかなと思ったのですが、どう
やら話をしていると靴と同じようにゴアテックスという完全防
水のウェアがあるということで購入しました。

通常のレインウェアよりも＋1.5万円ほど高かったのですが、
結果的に雨の中テントの設営をしていても雨水が全く内側に浸
透することなく、快適にテントを設営できた時に、店員さんの
顔を思い出しました。

周りで設営をしている男性のレインウェアに水が染みて「冷
たい！」「びちょびちょだ」と不快そうな様子を見て、本当に
買ってよかったなと思いました。

当初は晴れのち曇りの予報で雨の心配はないと思っていまし

たが、突然の雷雨でしかも設営時間とかぶってしまい、山の天気は変わりやすいと言いますが、本当だなと実感しました。

┃ 想定外の買い物体験が感動を作り出す

やはり**プロの話を聞いて意思決定する想定外の買い物体験こそが感動を作り出し、**周りの友人に「あの人から買った方が良いよ」とか「一式揃えるなら絶対にあの店がいい、みんなすごい知識持っているから」と**口コミで広まっていく**わけです。

客単価は 1.5 万円上がって感謝されるのが接客販売の価値であり、店舗の存在理由になります。

この想定外を作り出す高付加価値・高単価接客を続けていくことでファンが増えて、リピーターで店舗経営は安定します。

さらに、口コミサイトに感想を投稿してもらうことでお金を 1 円もかけずに新規客を獲得することができます。

特に店舗経営者や店長にとっては、リピーターの存在がメンタルを安定させることは間違いないです。

1－5 利益が増えることで従業員満足度向上に再投資できる

‖ 薄利多売は従業員を酷使する

　店舗経営の要となる従業員ですが、いまだに労使問題が絶えないほど従業員に負担がのしかかる状態が続いています。

　従業員にとっても会社にとってもベストな状態を作るために、従業員の待遇や環境改善への取り組みはマストだと考えています。

　時給を上げる、休みを増やす（希望の日に休める）、事務所環境、仕事環境にお金はつきものです。

　これも利益率が低い商品やサービスを拡販していたら実現することは極めて難しいでしょう。

　そもそも薄利多売で従業員を酷使するのが当たり前の企業は従業員満足度を上げるという指標が存在しませんが、世の中の流れ的にも今後は間違いなく**従業員が働きやすい環境作りは欠かせなくなります。**

　客単価が上がり利益額が増えることで近隣の同業・他業種の店舗よりも時給を上げられます。

　そうすることでより多くの求職者が集まるため人材不足を抜け出すことができます。

　さらに働きやすい環境を作るための投資（店長教育や事務所環境）をすることで新しく入った従業員の肉体的・精神的ストレスが減少し、定着率も高まります。

　この理想的な連鎖を構築するためには何度も言いますが、「お金」が必要になります。

　薄利多売で従業員が疲弊するような環境では人手不足が進むため、今後はロボットやAIを活用した、人力に頼らないシステム型（無人）の店舗へと変わっていくと思っています。

‖ コミュニケーションを学ぶと離職率50％低下!?

　当社は店長教育が仕事としては多いのですが、**店長が従業員と接する上でのコミュニケーションを学ぶだけでも離職率は50％以上低下**する企業があるほどで、中にはマイナス（ネガティブ）な理由での退職が一切なくなったという年商50億円規模の企業もあります。

　私の店長研修のように、店舗マネジメントのプロから学ぶ機会があれば環境改善は促進されますが、多くの企業ではこういった学ぶ機会がないため、新人スタッフがすぐに辞めてしまう店舗は少なくありません。

　そして、さらに採用費が嵩み利益が出づらくなるのです。

　先日も、当社クライアントの自動車専門店がお客様の車を預

かる際に必要な代車を追加で数台仕入れました。

　これによりお客様に「すみません、すべての代車が出払っておりまして」とお客様に言わなくて済んだ、と従業員が社長と副社長に感謝している姿を見てジーンときました。

　この環境改善もひとえに、店舗で働く皆様が顧客感動を作るために一生懸命セールスをした結果なわけです。

　客単価が上がり、利益額が増えることで従業員のストレスを一瞬で解消することができます。

1-6 付加価値を提供しなければ雇用を守ることができない

‖ 自分達の力でファンを作ろう

　店舗で購入するお客様にはオンラインショッピングとは違う買い物体験、すなわち**オンラインショップ＋付加価値**を提供しなければ選ばれ続ける店舗を作ることはできません。

　また、店舗で働く店長や販売員にもよく「自分の仕事は自分で守ろう！」と伝えています。

　この発言の理由は、これまでのような本社がお膳立てをしてくれて、店頭で働く従業員はカンタンな接客をこなす、またはオペレーションをこなすだけでは店舗を存続させるのが難しくなったからです。

　お客様の欲しい商品をきれいに並べて、品切れをしないように発注するだけでお客様が次から次へと商品を購入してくれる時代は終わり、店舗で働く従業員の力で、接客販売や他店にはない店舗作り、顧客体験を設計することが求められるようになりました。

　そして、自分達の力でファンを獲得するのです。

もう自分の仕事は誰かに委ねるのではなく、自分で守る意識が大切です。

‖ 売場の先生になる！

　さらに私は続けて「もうアルバイト・パートの意識は捨てて欲しい、これからは**"先生"を目指してスキルアップ**していきましょう」と伝えています。

　既にクライアントには先生で溢れる店舗があります。

　当社クライアントのホームセンターでは、各売場に先生がいます。

　もはやお客様から見たら品出しをするスタッフ、陳列をするスタッフではなく、

　「〇〇さん！教えてください！」

　と続々と声をかけられます。

　中には月に1〜3回店内でセミナーを開くスタッフもいるくらいです。

　どうやってこのような店舗を作ることができたのか？

　それは、各自が売場の商品やサービスについて猛勉強するようになった、ということです。園芸・ペット・自動車用品・お掃除用品など、お客様が疑問や悩みを抱く商品について気軽に話しかけられる導線があるのがポイントです。

　また、話しかけやすいように、各売場に笑顔いっぱいの従業員の等身大パネルを、プロフィールを記載したPOPを貼り付けて目立つところに設置しています。

　お客様は当然ながらわからないことがあればそのパネルの人を探します。

　休みの日もあるので100％会えるわけではありませんが、いたときはここぞとばかりにお客様が質問をしてくれます。

　声をかけやすい環境を作る、また相談した上で適切な商品やサービスを購入できることで想定外の価値を受け取り、お客様は店のファンになります。

　一度この体験をしたお客様は次から従業員を名指しで呼ぶようになるのです。

　従業員もお客様から声をかけられることが嬉しいし、名指しで呼ばれることで承認欲求が満たされます。

　これは、どの従業員も口を揃えて言うことですが、「もう前の仕事には戻れません」です。

　ただ商品を出す、並べる、管理するだけでは今ほど承認されないことが理由です。

‖ 顧客は欲しいものを買うことに飽きている

　顧客にとってなくてはならない存在になり、**来店のたびに付加価値（問題解決）を提供することで従業員おすすめの商品が売れます。**

結果、客単価と来店頻度が高まることでLTV（顧客生涯価値）※
も上がります。

　ネットで同様の商品が安く購入できたとしても、ファンに
なったお客様は「せっかく買うならネットの方が少し安くても
○○さんから買いたい」という状態になっています。
　部門によっては昨年度対比700％を超えたりするので、つ
くづく顧客は欲しいものを買うことに飽きているんだな、もっ
と店舗の従業員の力を借りれば売上はまだまだ伸ばせる！と実
感しています。

※LTVとは、一人の顧客が最初に購入してから、店舗に来なくなるまでの間に、
　どれだけの利益をもたらすかを算出したものです。

1 − 7 顧客感動が 口コミ投稿の 原動力へとつながる

▎ファンがファンを呼ぶ「口コミ」

　顧客感動を作りファンにするためには、想定外を提供しなければいけない、とお話ししました。

　想定外こそ客単価アップであり、顧客感動の源泉となります。

　顧客感動を生み出すことでファンが増えていくのですが、ファンがファンを呼ぶ好循環を作る手法があることもここで触れておきたいと思います。

　その方法こそが「口コミ」です。

　これまでの口コミはせいぜい地域の友人家族に伝えるくらいでしたが、今はデジタル口コミツールが豊富にあります。

　代表的な口コミツールとしてグーグルビジネスプロフィールが挙げられます。

　2022年テーブルチェック調べでもはじめて利用率で食べログをグーグル口コミが超えた、というニュースが発表されました。

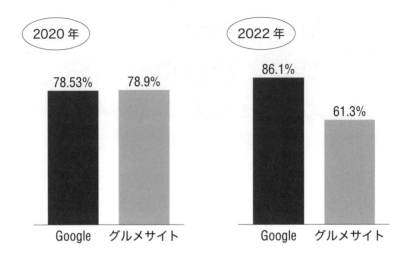

2020 年

78.53%　78.9%

Google　グルメサイト

2022 年

86.1%

61.3%

Google　グルメサイト

https://prtimes.jp/main/html/rd/p/000000085.000023564.html

　一部業界を除いて、店舗を選ぶ理由がチラシ・広告・駅近・自宅の近くにあるという基準から、着実にグーグル口コミを見て選ぶという流れになってきています。

　どの店舗経営者や店長も「うちの店を選んでもらいたい！」と思いますよね。

　そのためには**グーグルをはじめとしたデジタル口コミ**に投稿してもらい信用を高める必要があります。

┃ どうしたら口コミを書いてもらえるのか

　投稿してもらう具体的な方法は後述するとして、ここではどうしたら口コミを書いてもらえるのか？を簡潔にお話しします。

　ズバリ、顧客感動を作ることで投稿してもらうことができます！

あなたは、普段から口コミを投稿していますか？

口コミサイトを店舗選びの参考にするけど、自分が口コミを投稿することはあんまりないかなという方が多いのではないでしょうか。

それくらい投稿の壁は高い、ということです。

単純に面倒、というのが理由に挙がるのですが、面倒を超えて思わず書くという行為にいたるには「書かずにはいられない」という顧客体験が必須なのです。

普通では書きません。「素晴らしい！」「また絶対にこの店を利用したい！」「〇〇さんが担当で本当によかった！」という店内での接客販売や、滞在時間が快適であったからこそ抱く感想なわけです。

本書でも説明していますが、最終的には投稿依頼をすることが欠かせません。

然るべきプロセスを踏むことで口コミ投稿が爆増し、口コミに力を入れるだけでチラシ以上の来店が実現できる、ということです。

高いレベルの顧客体験を実現するためにも欲しい商品やサービスを右から左に売るのではなく、想定外の接客販売や店舗作りが大切です。

一緒に本書を通して学び、顧客も良し・従業員も良し・会社も良しの三方良しを実現していきましょう。

第 **2** 章

客単価が
上がる
店内の作り方

2 - 1

売れていない＆
良い商品を見つける

||「意外性」と「目新しさ」が感動を作る

　それでは、本章から具体的に、どうしたら高いレベルの顧客体験を提供できるのか？についてお話ししていきましょう。

　顧客体験の質を高めるために必要なキーワードの一つに「**意外性**」と「**目新しさ**」があります。

　この二つのキーワードを同時に得る販売促進の方法があります。

　それが、売れていない商品でありながらも、とても良い商品を発掘することです。

|| 自分が購入し続けている商品を売る

　店舗のスタッフの中には、長年働いてくれている人がいるでしょう。

　オープンしてからずっと働いている、という従業員がいればぜひ知恵を借りて顧客体験の質を向上する販売促進にチャレン

ジをしましょう。

　当社クライアントのとあるスーパーマーケットでは、各売場の担当者が、月替わりでレジ前の棚に並べる商品を任されています。
　レジ近くに、ガムとか飴とか電池とかありますよね。まさにあのスペースを完全にフリーにして全スタッフの中でも長く働いてくれている従業員に売場を作ってもらいます。何を並べるかも自由です。
　しかし、店内の売れ筋ではなく、**長年働いていて自分がお客様として購入し続けている商品を中心に選んでもらいます。**
　売れている商品を並べても既にカゴに入っている可能性があるので、基本的には月間でも数が出ない商品に絞って陳列をしてもらうようにしています。

　そして、ただ並べるだけではなく**POPをつけて訴求**することも忘れないようにしましょう。
　スーパーマーケットでは、電子レンジでパスタを茹でられるグッズがあるのですが、「火を使わなくてもこれだけの料理ができる！」というコンセプトで従業員が売場を作ってくれました。
　自宅ではあまり火を使わないという自称ズボラ主婦の自店舗商品の活用術は、レジ前に並んでいるお客様の視線を惹きつけ余計にレジに並んでしまうほど（笑）大好評でした。
　昨年度対比でも300％を超えるヒット商品となりました。

これは、指定のキッチンコーナーの一角で販売をしていても、いつまでも売れない商品だったと思います。

「レンジでチンしてパスタ？本当にできるの？いつかやってみようかしら」と思いはするものの、買うまでは至らないという状況でした。

しかし、レジ横に新たに売場を作ることで、キッチン用品の通路を通らなかった人にも見てもらえて「せっかくだからこの機会に！」と思わせるような意外性と目新しさを加味した売場になっていました。

「レンジでパスタ？」という意外性と「こんな商品あったんだ」と気づかせるスタッフのオススメする熱心なPOP（目新しさ）もあり、購買につながりました。

‖ 隠れた良品を掘り当てる

これを思いついたきっかけは、私がABCマートで働いている時の、スタッフの99％は使っているのに全然売れていなかった商品にあります。

それが、防水スプレーです。みんな良いと思って使っているのになぜかお客様にはこの素晴らしい商品の価値が伝わっていなかったのです。

たしかに、私自身もABCマートに入るまで防水スプレーが靴に必要なことすら知りませんでした。

働いている人しか知らない商品は必ずあります。

ここでは長年働いている、と表現をしましたが、決して

10~20 年働いていないと見つけられないわけではなく、日々の勤務の中で「もっとこの商品売れてもいいのになぁ」と思う商品でも OK です。

　お客様に価値が伝わっていない、けど良品という商品を掘り当ててぜひ店内で売場を作ってみてください。

　買うつもりがなかった商品を買ってもらえることで客単価は 10~30 ％アップします。

　自宅で商品を使って「この商品めちゃくちゃ便利（良い）」となれば再来店にもつながります。

　再来店し続けてもらえるように飽きられない努力が大切ですね。

2 - 2 商品販促は スタッフ対抗戦にすると 売れる

販促コンテストで昨年度対比 200% 超え !?

　販売促進を通して客単価アップの方法をもう一つ紹介します。冬の季節になると誰もが食べたくなる鍋の事例です。

　とあるホームセンターでは、秋冬になると鍋が売れます。
　最近ではおひとりさま鍋が主流で 3-4 人分の大きな鍋の売れ行きが芳しくなく、売場担当者と私で話をして、「やっぱり大きな鍋で豪快に具材を入れて映える鍋をお客様に楽しんでもらいたい」ということになり売場を刷新することにしました。
　他売場の担当者も「うまくいくのかな……」と言っていたのですが、結果は大成功でした。

　どんな販促企画をしたのかというと、3-4 人前の鍋を使って、各売場の担当者が自店舗で扱っている 9 種類の鍋の素を会社からプレゼントしてもらい、数千円の材料費を渡して自宅で鍋を楽しんでもらう際の**鍋の盛り付け写真を集めて、どの鍋が一番美味しそうか、試してみたいかを投票する販売促進企画**をし

ました。

　Ａスタッフは味噌味の鍋の素を使って牡蠣鍋、Ｂスタッフは
醤油味で蟹鍋、Ｃスタッフは塩味でもつ鍋、といったように、
各スタッフ渾身の映え鍋を作ってはいろんな角度で写真を撮っ
てもらいました。
　それを、９種類の鍋の写真に同じスペースの中にシールが貼
れるようになっている、選挙ポスターを貼る看板のようなもの
に投票してもらいます。
　一番票を集めた人には、１万円分の商品券、２位が 5000 円、
３位が 3000 円としてコンテストを開きました。

　結果、鍋も昨年度対比 200 ％超え、鍋の素はこの年から取
り扱いを始めたのですが、仕入れ担当者いわく、スーパーマー
ケットよりも売れていると驚愕していました。
　大成功でしたね。

‖ 従業員を多く巻き込むほど成功する

　このように、売りたい商品があって、売り方を考える際に**ス
タッフを巻き込んだ方法**にすることができると企画が盛り上が
ります。
　やはり、自分が関わった販売促進は力が入りますから、売れ
ているかどうか気になって仕方がなくなります。
　これは何のエビデンスもないのですが、関わるスタッフが本

気で販促企画を成功させようとするとなぜかうまくいくことの方が多い、という感覚を持っています。

　なので、私はクライアントの販売促進を企画するときは、できる限り多くの従業員を巻き込む、しかも簡単にできることをやって成功させることを狙って取り組んでいます。

　あなたの店舗でもすぐに取り組める企画は無数に存在します。

　売るものを決めて、多くの従業員を巻き込んで楽しみながら企画を進めていきましょう。

　この盛り上がり感はお客様の感情も揺さぶることができ、リピートにつながる顧客体験になります。

店内で実施する販売促進企画の最適な期間

▌企画は7~10日で入れ替える

　あなたの仕事内容によって若干販売促進の実施期間は変わります。

　販売促進企画の準備を除いての実行期間は**1週間から10日程度で次から次へと入れ替える**のがポイントです。

　なぜなら、同じ企画を二度みても響かないからです。

　「あっまだやっているんだ」程度でスルーされてしまいます。

　「販促企画実施初日は、みんな立ち止まってくれたのに、1週間もすると全然だな……」とすぐに飽きられてしまうものです。

　あなたの店舗に来店するお客様の来店頻度は週・月何回ですか？

　日用品なら1週間に一度は店舗に足を運びますよね。

　なので、7~10日程度で入れ替えるのが理想です。

　日用品以外であれば、リピーターの平均的な来店頻度を参考にしながら販売促進企画を入れ替えるのが良さそうです。

とはいえ、店内で実施する販売促進企画は長くても１ヶ月に１回は入れ替えるようにしましょう。なぜなら、お客様にとっては目新しくても従業員が企画に先に飽きてしまうからです。

以前、ダチョウ倶楽部のメンバーがいつまでも同じネタを繰り返すことについて悩んでいて、志村けんさんに相談したところ「そんなこと言ったらダメだよ！自分達の芸に飽きたら終わりだよ」とアドバイスをされていたのを、テレビ番組か記事で拝見して感動しました。

これは店舗で働く従業員に対しても同じで、自分達で作り上げた販売促進企画に飽きてしまったら、お客様がその企画を目にして思わず立ち止まることはないよなと思いました。

お客様の来店頻度に合わせたら３ヶ月に１回でいいかなと思うかもしれませんが、まず間違いなく従業員は飽きるので、お客様の来店周期ではなく、従業員の飽きを優先して次の企画をスタートするようにしましょう。

顧客も従業員も楽しめる企画

客単価を向上する効果が販売促進企画にはありますが、同様に飽きられないために行う意味もあります。

飽きられてしまうと「あの店に行っても退屈、いつも同じものしかない」というレッテルを貼られてしまい、顧客の再来店がなくなり近隣のライバル店舗に奪われてしまいます。

一度奪われると、同様にライバル店に飽きない限り通い続け

るので振り向かせる難易度は高くなります。

　だからこそ、本部から指示された販売促進企画だけをやるのではなく、毎日お客様と接している従業員ならではの視点で顧客に「あっこういうの欲しかったんだよなぁ」「何これ、面白い！」「ちょっと家でも使ってみよう」など、顧客の意図しない想定外な購買行動を積み重ねさせることが必要なのです。

　こういう話をすると、従業員の人手不足が解消してからとか言う店舗経営者や店長がいるのですが先に言っておきますね。

　顧客体験価値が高まると来店頻度が高まるのでお客様が従業員になる確率が高まります。求職者は得体の知れない店舗で働くよりも馴染みがあっていつも楽しませてくれる店舗の方が入りたい気持ちが高まるに決まっています。

　現にクライアントには店内でアルバイト・パート募集をしているだけで応募が集まる店舗や、縁故採用だけで定員が増える店舗が多数あります。

　働く人が毎日楽しい、来店するお客様も楽しい店舗を今から作ることが何よりも大切です。

　できることから少しずつ始めましょう。

　従業員のモチベーションを上げて気持ちよく販売促進企画に取り組んでもらう方法（著書：『「使えない部下」はいない』）や、少ない人数でも取り組むべきことに取り組む組織文化を作る方法（著書：『少ない人数で売上を倍増させる接客』）は、私の書籍を読んで勉強してみてください。

2-4 痒いところに手が届く メンテナンスイベント を開く

‖ メイン商品と関連商品を整理しよう

　店舗の商品は基本的にメインの商品と関連商品に分かれます。

　たとえば靴であれば、靴がメインで、関連商品が防水スプレーやシュークリーナーです。

　ドラッグストアであれば、風邪を引いたときに行くならば薬がメインの商品で関連商品には経口補水液や栄養ドリンク、冷えピタが挙げられます。

　あなたの店舗のメイン商品は何ですか？

　そして、関連する商品は何でしょうか？

　一度整理していただくと販売促進の企画が立てやすくなります。さらに売場作りも、メイン商品と関連商品を同じ場所に展開することでついで買いにもつながるし、売場にまとまりが出てくるのでおすすめです。

メンテナンスイベントを開こう！

そして、メインの商品を保持するためのメンテナンス商品が関連商品であるのであれば販売促進企画のイベントとして定期開催すると良いです。

たとえば当社クライアントのスニーカーショップでは、定期的にシュークリーナーのイベントを開催しています。

スニーカーの単価も3〜5万円と高いため綺麗に靴を履き続けたい、汚れた靴を綺麗にしたいと思うお客様が多いです。

そこで、店内で自店舗で取り扱っているシュークリーナーを使って綺麗にするイベントが定期的に開催されます。

「シュークリーナーを買ったけど、使い方は合っているのかな」「使い方は合っているけど、もっと綺麗にする方法はないのかな」とクリーニングのプロスタッフに直接質問をすることができるので、とても満足度が高いイベントになっています。

このイベントの趣旨はクリーナーを販売して客単価を上げることはもちろんなのですが、店内の顧客体験の質を向上することにつながるため、リピート率が劇的に高まります。

「こんなに綺麗にしてくれるんだ」という感動はなかなか忘れません。

誰でもメイン商品は綺麗に長く使いたいと思うものですよね。

あなたも携帯電話にはカバーをつけているだろうし、ガラスフィルムをつけたりするじゃないですか。

汚くなれば変えるし、ヒビが入れば交換しますよね。

同じようにあなたの店舗で扱うメインの商品に対して、メンテナンス要素のある関連商品があれば定期的に無料で試供できるイベントを開催することをおすすめします。

他にも、ペット用品店でも自宅での簡単なトリミング方法（カットのコツや注意点を教える）を指南するイベントを開いたりします。

カット用品も毎回沢山売れますし、予約もすぐに埋まるほどの人気ぶりです。

その場では大きな売上アップにはつながらなくても、客単価アップと何より店舗でしかできない顧客体験を提供できることがポイントです。

トリミングの仕方なんて YouTube 観れば大丈夫だよ、と思う方も中にはいらっしゃるかもしれませんが、やはりプロに直接相談できるのは実店舗ならではだと思います。

こうやって客単価と来店頻度を上げていくことでお客様との関係を深めていくことが重要です。

来店頻度が高まれば高まるほど店舗に対するザイオンス効果を発揮し愛着も増します。

お客様は、「せっかく買うならあのお店で」「わからないことはあのお店で聞こう」と思うようになり、他店舗やオンラインと比較されることなく来店に導くことができます。

2-5 単品ではなく セット販売で 意思決定は一度にする

‖「いかがですか？」はストレスになる

　顧客が店内での買い物やサービス体験でストレスを受ければ、当然ながらリピート率が激減することは容易に想像できますよね。

　中でも顧客がストレスを受けるのが「いかがですか？」というクロージングの回数です。

　これは接客販売のテクニックでもあるのですが、一人のお客様に何度も意思決定を求めることは絶対にやめた方が良いです。

　もう1つ、よくあるNG接客例ですが、探していたTシャツが見つかって、レジに行こうとしたら「他に何かご覧になるものはありますか？」というフレーズです。

　もう買い物がお客様の中で終わっている場合、追加販売（アドオン接客）を匂わせるフレーズは顧客満足度を下げるだけなのでやめた方が良いです。

　もちろんセール期間中で「2点ご購入いただくと20％オフになる」などのセール企画があるなら確認のために聞くのはあ

りですが、その際も「ちょうど今セール期間中で、2点ご購入いただくと 20％オフのキャンペーンをやっていますが、いかがでしょうか？」と顧客へのメリットを具体的に提示した上で「いかがですか？」のフレーズを言うべきです。

┃ レジに案内するときは提案禁止

　私が推奨する接客販売は、レジに案内する途中でいかなる理由があろうとも「いかがですか？」を言うことはしません。

　レジに向かったら何も提案はしない、これに尽きます。

　矛盾しているように聞こえるかもしれませんが、セールの案内も苦肉の策であって最善ではありません。

　理由は、接客中にTシャツだけを販売するのではなく、トータルコーディネートを提案しつつセールで 20％オフになることを先に伝えておけば良いからです。

　NG 接客例

① こちらのTシャツがおすすめです

② ご一緒にTシャツに合うパンツもいかがですか？

③ 他に何かご覧になりますか？

　Tシャツとパンツを販売するのに3回の意思決定を求めていますよね。

　意思決定を求めれば求めるほどお客様は売りつけられるという印象が増大していくばかりでストレスフルな状態になります。

　この状態で会計をして「またお越しくださいませ」と言われても「もう2度と行きたくない」という悪い印象だけが残ってしまいます。

　あなたもアパレル店を利用してこのような経験をしたことがありませんか？

‖ 一度にセットで提案する

　ではOK接客はどんな流れなのか見ていきましょう。

　ストーリーで説明します。

販売員「こんにちは、今日もジメジメして暑いですね〜。Tシャツは何枚あっても重宝しますよね」

お客様「そうですね、ちょっとこれ試着してもいいですか？」

販売員「もちろんです！こちらのTシャツは猛暑の中でもさらりと着られて重宝しますよ♪

　　　　ちなみに、既にお持ちのパンツで同様に快適なものはお持ちですか？今ちょうど2点以上お買い求めいただくと20％オフのセールをしておりますので、さらりとはけるパンツを試してみませんか？」

　いかがでしょうか？

　お客様に求める意思決定は一度だけですよね。

　Tシャツとパンツを一緒に提案する、ということです。

　しつこく何度も「いかがですか？」と聞いてお客様をうんざ

りさせるのではなく、できる限り最小限に抑えることでTシャツ以外の商品も同時に検討してもらうことができます。

　結果的にさらりとはきこなせるパンツを購入して日常ではいた際に「何これ！めちゃくちゃ快適！！」と思えれば「あの店員さんの言う通りにしておいてよかった」と思うのではありませんか？
　質の高い顧客体験はこのような顧客感動を生み出します。
　リピート率はもちろん高くなりますし、後述する口コミ投稿もお願いした際に気持ちよく応じてくれます。意思決定は一度になるように接客プロセスを設計してみましょう。

2－6

売りたい価格帯は
松竹梅の竹にすると
自然と売れる

‖「極端の回避性」を利用しよう

　接客販売以外でのメイン商品の客単価を上げる方法について
もご紹介します。

　私が働いていたABCマートに5000円前後の最安値のスニー
カーがあって、毎週完売になる勢いで売れていきました。
　しかし、販売員からしてみたら本音としては売りたくない部
類でした。当然、取り扱う商品なので悪い商品では全くありま
せん。
　しかし、より良いクッションを体験してもらえたらおそらく
5000円のスニーカーには戻れないほどの履き心地を提供でき
るのにと思う商品があったのです。

　価格は9800円程度の商品です。
　しかし5000円と比べると約2倍の商品になるため、お客様
の多くは5000円の靴を購入していきました。
　時間をかけて接客ができれば9800円の商品に切り替えるこ

とができますが、ピーク時間帯や、接客販売できるスタッフが
少なければ「できれば 9800 円に最初から興味をもってもらえ
ないかな……」と思うのが本音ですよね。

　そして、ある日を境に爆発的に 9800 円のスニーカーが売れ
るようになったのです。
　理由は同じカテゴリーの靴でより高機能な 13800 円の靴が
新しく入荷したからです。価格帯は 3 つとなりました。

梅……5000 円
竹……9800 円
松……13800 円

　という構図となり、多くのお客様が竹（9800 円）を選ぶよ
うになったのです。これは心理学で「極端の回避性」と呼ばれ
ています。
　人は購買心理として一番高い、一番安い商品を回避する心理
が働くようになっています。
　たしかに一番安いと「この靴大丈夫かな」と思いそうですよ
ね。
　一番高くても「そこまでの高機能はいらないよなぁ」と判断
するでしょう。
　こうして自然と中間価格の商品が選ばれる、ということです。

選択肢は3つがベスト！

では

「これまでなぜ5000円と9800円の選択肢があってお客様は5000円を選ぶのか？」

という問いが生まれますよね。

これは、損失を最小化したい、という心理が働くことが理由です。

同じ靴を購入するにしても5000円と9800円のどちらにするか？と考えた時に、9800円の靴を購入して「これじゃなかったな」と思う心理的ダメージが先立ち、「とりあえず5000円の靴でいいかな」という心理が働きます。

ちなみに同カテゴリーの選択肢は3つがベストです。

4つ以上の選択肢になると、今度は迷い過ぎてしまい脳疲労を起こし購買を先送りしてしまうリスクが高まります。

これまでにあなたのお店でも、選択肢が多過ぎてお客様を困らせてしまった経験はありませんか？

選択肢はシンプルにまとめることで客単価アップを狙うことができます。

松竹梅の法則、ぜひ商品仕入れや値付けの参考にしてください。

2 – 7 スタッフの 体験レポートは 最強の販促ツール

‖ お客様は飽きている

　店内で実施する販売促進企画で、手軽にできてお客様の購買
意欲を高める企画が体験企画です。

　従業員が特定の商品を使ってみてどうだったのかを POP に
まとめた売場作りは特に好評で、商品の拡販に貢献しています。

　お客様はメーカー主導の販売促進企画に飽きています。

　なぜなら、どの店舗でも同様の商品展開をしているからです。

　たとえば殺虫剤の季節になれば、ドラッグストア・スーパー
マーケット・ホームセンターがほぼ同じような見た目になるの
で素通りするし、顧客体験の質は決して高いとは言えません。
どこでも似たような展開の仕方、というのは同じ販売促進企画
でも反応が全く異なります。

体験企画で唯一の店になる

　だからこそ、他店では真似できない体験企画が効果的なのです。

　目新しさと意外性を同時に得ることができるのが本企画の特徴です。

　では具体的に紹介しましょう。

　秋冬になるとお風呂タイムが待ち遠しくなりますよね。

　体が冷えないように毎日入浴剤を入れる人も多いと思います。

　しかし、どの入浴剤が一番いいのか、種類が多すぎてわからないという方もいらっしゃるでしょう。

　そんなお客様のために、店内にあるすべての入浴剤を使ってレポートした売場担当者がいます。

　もちろんすべて会社の経費で入浴剤を購入し、毎日自宅で試しては150字程度のレポートと

① 温まりの良さ

② 香りの良さ

③ 湯冷めのしにくさ

④ 肌のうるおいの良さ

⑤ 総合評価

の各項目を3つ星で評価してPOPにしました。

　売場担当者も言っていてとても感慨深かったのが、高額な入浴剤の方が成分量が多くてやっぱり効き目が良い、ということ

でした。

　結果的に高額な入浴剤の方が総合評価も高くなり、お客様の購買につながりました。

‖ 本当に知りたいのは「商品の中身」!

　体験ほど響く販売促進企画はありません。

　この企画のヒントになったのが、家電を中心に忖度なしのレビューが載るプロレビューマガジン「モノクロ」です。

　これを読んだ時に、これは店舗でもやるべきだ!と思い立ちました。

　各メーカー、イメージをより良くして手に取ってもらう、購入してもらうためにパッケージを工夫したりしますが、お客様が知りたいのは中身の価値です。

　本当に良い商品なのか?というのを知りたいのですが、情報収集のしようがないところに目をつけました。

　今では入浴剤の他にも、シティサイクルよりも高額な電動自転車を売場担当者がすべて一定期間乗ってレビューする体験試乗会をしたりと、好評なイベントを作りやすいです。

　試したいけど、試しようがない商品やサービスを取り扱っているのだとしたら、体験レポートは武器になります。

　副産物として、売場担当者も自信を持って接客ができるよう

になるのもポイントです。

　よくわからない商品について聞かれてもカタログに書いてある情報しか伝えられませんからね。

　生の情報を届ける工夫をしていきましょう。

2-8 売場作りは 通常の2倍仕入れて インパクトを出す

‖ 思わず買ってしまう「山積み」戦略

　販売促進はいかに短期間で売りたい商品を売るか、ということが重要になるのですが、これまで1000店舗以上直接指導する中でいつも感じていたのはボリュームの少なさです。

　自分達が売りたい商品でも基本的に本社発注となり、売れたら補充する補充方式をとっています。

　そのため、自店舗で実施する販売促進企画を申請しても思ったほど在庫を抱えられずにボリュームが足りない企画になることが少なくありません。

　そこでクライアント先ではいつも通常の2倍の商品を仕入れてインパクトを出す売場を作るように、本社も巻き込んで企画を実施しています。

　商品サイズにもよりますが、限られたスペースに商品を目一杯積み上げるイメージで考えていただくと適切な在庫量が見えてくると思います。

　商品が小さければ在庫量は2倍以上になるかもしれませんが、

商品箱をただ積み上げるだけでもインパクトが出るし、「こんなに沢山あるということは売れているのかもしれない」と手に取っていただける確率も高まります。

　普段から売れている商品であれば山積みになっても販売結果は限定的ですが、普段さほど出ていない商品だと、意外性と目新しさの両方を得ることができます。

　ピラミッド型に積み上げる方法や、四角形に積み上げる方法があります。

　商品特性に応じて展開していただけると良いと思います。

　個人的には、ドン・キホーテの商品の陳列の仕方が好きです（グーグルで「ドン・キホーテ　山積み」と検索すると参考になる陳列方法が沢山出てきます）。

　今絶好調な業績を出し続けているこの会社も、思わず買ってしまう圧倒的なインパクト（想定外）を生み出す売場作りが買い上げ点数を押し上げているのでしょう。

　私も思わず買ってしまった商品は無数に存在します。

▎埋もれがちな良い商品を目立たせる

　自分達が売りたい高単価商品は陳列しているだけだとお客様に価値が伝わりにくいです。先述の通り、中間価格を選ぶ癖があるので高額商品は敬遠されがちです。

　人は購入後に損をしたくないので「あ～これは失敗した」という損失を避けるために自ら単価を下げるわけです。

しかし、店内には「この商品めちゃくちゃ良い！」という商品が沢山あるわけですから、高額商品を売るためにも陳列に工夫をしてお客様の目を惹き、POP や接客で商品価値をお客様に伝えていきましょう。

　入店時点では購入予定のなかった商品を、どれだけ購入してもらえるかが顧客体験価値となりますので、攻めた仕入れ、攻めた売場作りをして顧客に関心を持ってもらえる売場を作りましょう。
　売場担当者の意思で商品を仕入れるので、それだけ売場作りや接客にも熱が入ります。この熱量は顧客に伝播しほとんどの場合は商品が完売しますので、ぜひチャレンジの機会を作って欲しいなと思います。

第 **3** 章

客単価が
上がる
接客術

3 - 1 商品知識が 顧客の潜在ニーズを 引き出す

‖「商品知識」がファン作りの秘訣

　販売員から相談を受けることの一つに「どうしたらファンがつきますか？」という質問があります。

　この時に私は決まって「商品知識に自信がありますか？」と聞いています。

　ファンが少ない販売員のほとんどは100％の自信を持つことができていません。

　高い顧客満足度を得るためには、まずプロでなければいけません。

　プロとは、お客様よりも知識がある状態をさします。

　「お客様の方が詳しくて」とたまに愛嬌だけで販売をする従業員もいますが、すぐに頭打ちになります。

　愛嬌だけでは限界があります。

　お客様よりも商品知識が高い状態を作り続けることが大切です。

潜在ニーズを当てる

　あなたもおそらく「知識があるだけじゃファンにならない」と思っていると思います。

　まさに、その通りです！

　ここからの話が重要で、商品知識は、ただ説明するためのものではなく、お客様の潜在ニーズを引き出すことにもつながります。

　本書でこれまで「欲しいものを売るとリピートされない」と話してきた通り、顕在ニーズに応えるだけではファンにはなりません。

　潜在ニーズを引き出すことで顧客は「想定外の価値」を体感します。

　これがファンになる源泉になるわけです。

　この潜在ニーズを引き出すためにも商品知識が欠かせません。

　たとえば、お客様がA商品を探しにきたとしましょう。

　当然ながら販売員としてはそのままA商品を売るわけにはいきません。

　なぜなら、欲しい商品を購入するならオンラインショップの方が安いし、自宅まで送料無料で送ってくれて便利だからです。

　実商品を見にきた、触れにきた要望を叶えるだけになります。

　ここで、お客様がなぜA商品を探しているのか？を質問することから接客は始まります。そして、顧客の要望を聞き切っ

た後に、「私なら B 商品か、C 商品か、D 商品にするだろうな」
とプロ視点での商品を選択します。

　ちなみに、価格は A ＜ B・C・D です。
　顧客の要望を聞いて「もっと安い商品があります！」では、
ますますお客様は安さが理由で商品を買うためおすすめできま
せん。
　高価格・高付加価値商品の選択ができない時点で商品知識が
低いと言わざるを得ないので、知識習得に力をいれましょう。

　ここでは商品知識がある状態で、B・C・D 商品を選んだとし
ます。
　いきなり B・C・D 商品の説明を始めてもニーズがないので
「売り込まれた」という印象を与えてしまいます。
　私は「ニーズがあるか当てる」と表現するのですが、たとえ
ば B 商品は A 商品と比べても「雨に強い商品」だとします。
　その分客単価も高いです。
　快適に商品を使っていただくには、おすすめでもお客様に
ニーズがあるかどうかを確認しなければただの売り込み提案に
なってしまいます。
　そこで「お客様、これまでに最近多い突然のゲリラ豪雨で足
元がずぶ濡れになって翌日以降も不快な思いをしたことはあり
ませんか？」と聞いたとします。
　そこでお客様が「あっ……言われてみればこのあいだずぶ濡
れになって１日じゃ乾かないからすごく不快な思いをしたよ」

と言えば、潜在ニーズが表面化した状態になります。

　仮にここで「いえ、そんなことはないですね」と返されれば、B商品の提案はこの時点で消滅します。続いてC商品にニーズがあるかを当ててみましょう。

　この商品は、A商品と比べると半分の重さで良質なクッションが入っており、膝・腰の負担を軽減してくれる、とします。
　「お客様のお仕事が営業とのことでしたが、1日中靴を履いていて、『今日はマッサージにいかないといよいよ無理だ！』と思うほど膝や腰に痛みが出てしまったことはありませんか？」と投げかけます。「あるあるある！今も腰が痛い！」と言われたら、なぜ今履いている靴では腰痛を引き起こしやすいのかを説明し、潜在ニーズを表面化させます。
　そうすることで、C商品を提案できる状態にする、ということです。

商品知識＋質問力

　このように右から左にお客様の欲しい商品を販売するのではなく、「なぜA商品を選んだのか？」とお客様の意思決定が適切かどうかを疑って、販売員自身の介在価値を作ることに意識を向けることが重要です。
　そして、顧客の要望を聞いてプロならではの商品選択をし、ニーズを作り出すのです。

商品知識があれば、潜在ニーズを引き出す質問を作り出すことができます。

　プロ視点の商品を選ばなければどんなデメリットがあるのか（雨に濡れて不快・膝と腰がずっと痛い）、不安や不満や悩みを先回りして引き出すことができます。

　単純に質問力を高める、ではなく商品知識と共に質問力を高めることでB・C・Dの高額商品を販売して顧客感動を得ることができるようになります。

3-2 顧客を知り尽くす質問力が客単価アップに欠かせない

「解像度を高める」と客単価が上がる

前項で話した通り、顧客の要望を聞き切ることが大切なのですが、聞き切る方法をここではご紹介します。

顧客はA商品が欲しい、しかしこのまま販売をしては介在価値は無くなってしまいます。プロ視点でB・C・D商品を選択するには、情報が必要になります。

この情報収集では「解像度を高める」ことを目的に質問を重ねると、顧客の要望を聞き切ることができます。

お客様は情報を提示しているようで、全然情報提示していない、ということに気づくでしょう。

当社のクライアント事例を紹介します。

一般的な自動車販売の営業は、お客様が気になる車種を聞いて、カタログを持ってきて、商品説明をします。

今乗っている車の基本情報（車種・年式・走行距離など）を聞いて乗り方が丁寧ですね、外装もとても綺麗ですね、と褒め

ます。

　当然、既存車種に装着しているオプションも提案して客単価
アップを狙います。

　最新の安全装備があることを伝えて「いかがですか？」の繰
り返し。

　そして、最後は価格勝負でいくら値引きができるか、いくら
で今乗っている車を下取りできるかの交渉になります。

　中には、お客様の車の乗り方を聞きながら最適な提案ができ
る人もいますが、まだまだ少数です。

　価格帯は100万円を超えますが、お客様の要望を伺うカタ
ログ商売の印象が私自身は強いです。

‖ お客様に憑依するほど聴き尽くす

　ここで客単価が上がる営業は何が違うのか？

　それは、**顧客に憑依するほどカーライフを聴き尽くすところ
です。**

　基本情報の掘り下げも怠りません。

　走行距離、下道中心なのか、高速中心なのか、毎日利用する
のか週末だけなのか、プライベートの乗り方はキャンプをはじ
めとした悪路の可能性はあるのか、またお子様の幼稚園・保育
園の送り迎えなどはあるのか、など、ライフスタイルを聞ける
だけ聞き切るようにします。そうすることで最も快適なカーラ
イフを送れる車種の提案につながります。

　先日クライアントの営業が、顧客のカーライフを細かくヒアリングすることで、お客様の自宅からキャンプ場までの距離と、行き帰りの渋滞予測を考慮すると快適な車内にした方が良いと提案し、後席モニターの設置（15万円）をオプションで販売できたと聞いて素晴らしい話だと実感しました。

　そもそもお客様はこれまで後席モニターをオプションで設置できる車に乗ったことがないようで、その営業と出会うまではこれまで通りコンパクトSUVにする予定だったそうです。
　後席モニターが小さなお子様にとってのストレス軽減になることをお話ししたところ販売につながったということで、まさに顧客にとっては想定外（質の高い顧客体験）の接客ですよね。長距離運転するならバックモニターがあった方が良い、という程度の提案ではなく、キャンプ場の往復（他にもどこに旅行にいくのかをヒアリング）と、行き帰りに生じる可能性のある渋滞をネットでリサーチすることで、
　「たしかに、往復の渋滞で子どもが寝てる時はいいけど、起きてる時はぐずって本当に大変なんですよ」
　と、お客様の潜在ニーズが表面化した瞬間を見逃さずに提案できた好事例です。
　せっかくのキャンプの思い出が「行かなければよかった」にならないようにしたい、という思いが販売につながりました。

‖「どんな〇〇に〜ですか？」と追加で聞こう

　このように、顧客の商品の利用情報を細かくヒアリングすることで、顧客に憑依するレベルまで理解することができます。

　そこに自動車販売のプロとしての視点をお客様に投げかけること（渋滞でこれまでお子様がぐずったり、イライラした経験でせっかくのキャンプが台無しになったことないですか？という問い）で、「たしかに……」というワードを引き出すことに成功。キャンプを続けることで積載量がどうしても増えてしまう（営業体験）という話にお客様が共感したことでワゴンタイプの車になり、オプションでのモニター設置が実現しました。

　車種も変わり、オプションまでついて客単価は大幅にアップしました。

　売れない営業は、「オプションはいかがなさいますか？」と自動車＋オプションと切り離して話をします。

　だから、車種が決まったらオプションページに行き「これは最低限あった方が良いですよ」とメーカーとディーラーオプションを簡単に説明する程度です。

　「他に何かつけますか？」と聞かれても「何をつける必要があるのかわからない」ので「結構です」と答えることになります。

　結果、新しいカーライフが始まって「やっぱりこういうのあった方がいいよね」ということになり、カー用品店で商品を購入するわけです。

　私からみたら、最初からしっかり話し込んでオプションをつ

けておけばこんな煩わしい思いをさせなくて済むのにと思うのですが、あなたはいかがでしょうか。

　まるで自分がお客様に代わってカーライフを送るくらい聴き切ることの大切さ、ご理解いただけましたでしょうか。
　質問はシンプルに**解像度を高める質問**をするだけで OK です。
　月何キロくらい運転しますか？だけではなく、どんなところに行きますか？を添えるだけで解像度は高まりますよね。
　深掘りすると言っても追加で一つ、二つ質問する程度で良いのでやってみてください。
　そうすることで顧客と営業との間で言葉の解釈が分かれることもなく、正確に顧客のニーズをキャッチすることにつながります。

入店から退店までの顧客との接点を明確にする

お客様に応じてもらえないのはなぜ？

　あなたの店舗に来店するお客様で、接客したのに何も買わずに帰っていくお客様の後ろ姿を見たことはありませんか？

　おそらく１日１回はあるんじゃないかなと思います。

　飲食店やサービス業の方は、たとえば「口コミを投稿して欲しい」「会員登録をして欲しい」と店舗側からお願いをした際に、「いいです」「後でやります」と断られたことと置き換えていただくとわかりやすいかもしれません。

　商品を販売するのもお願い事を依頼するのも交渉です。

　交渉に応じてもらえるお客様と応じてもらえないお客様の違いは当然ながら満足度の差です。

　どのお店だって、商品を買ってもらいたいし、口コミを投稿してもらいたいし、会員登録をしてもらいたいわけです。

　お願い事をスムーズに受けてくれれば良いですが、そう簡単に応じてくれませんよね。

　どうしたら交渉に応じてくれるのか？を考える際に役立つ手

法を紹介します。

║ ストレスフリー接客

それが、**ストレスフリー接客**です。

ストレスフリー接客とは、顧客が**商品を購入することを決めた瞬間、店舗側からの依頼を断る理由をすべてなくし、気持ちよく応じてもらう**ための手法です。

まず入店してから退店するまでのプロセスを明確にします。

アパレル店で説明します。

入店挨拶→商品閲覧→お声がけ→商品説明→試着→サイズ確認→追加提案→クロージング→会計確認→会計→お見送り

のようなイメージで、あなたの店舗体験をプロセス化してみましょう。

はじめは10個程度で構いませんので、全体像を把握できるプロセスを並べてみてください。

そして、各プロセスにどんなストレスが潜んでいるのかを明確にしてみてください。

たとえば、商品閲覧でありえるストレスは

① 商品に埃がついている

② プライスがついていない

③ 違う商品が並んでいる（プライスカードがついている棚に違

73

う商品が並んでいる）

が挙げられます。

　これは現時点で表面化しているストレスや、これから起こりうるストレスの両方で検討してみてください。

　普段利用している飲食店やアパレル店、雑貨店で受けたことがあるストレスを自店舗の該当プロセスに取り入れてみるのも良いでしょう。

　事実と仮説でストレスを多く出すことがポイントです。

　そして、各ストレスの表面化を防ぐ解決策を検討します。

　ここでは曖昧な解決策ではなく、具体的な方法を検討しましょう。

　先ほどの商品閲覧のストレスで解決策を検討してみると、

① 朝９時・12 時・15 時・18 時に担当者を決めて必ず棚掃除をする

② 朝の掃除の時間にプライスカードチェックをする

③ 閉店後に必ず商品とプライスカードが合っているかをチェックする

　と、このように具体的にいつ何をするのかを決めます。

　あとは、毎日「誰がやるのか」を決めれば OK です。

　解決策ではこのように、**「いつ」「何を」「どのように」「誰が」を決めるとルールや仕組みとして機能**するのでおすすめです。

‖「誰から買うか」が重要！

「なぜこんな地味なことをやらなければいけないのか？」と思うかもしれませんが、それこそ小手先の客単価アップトークだけで商品やサービスが簡単に売れる時代ではなくなりました。

世の中に物やサービスは溢れていて、どこでも同じような品質の商品やサービスが並んでいます。

さらに、今はオンラインショップという価格と便利さではもう勝てない巨人がいる中で店舗は戦わなければいけないので、高品質な接客サービスが欠かせません。

どこでもなんでも買える時代だからこそ「誰から買うか」が重要なのです。

あなたが高単価商品をお客様に勧めて答えがNOだとしたら「こちらの商品はいかがですか？」と高額商品を勧めたことだけが問題なのではなく、手前のプロセスで既に信頼関係が失われている可能性が高いです。

入店挨拶はどうだったか？お声がけはお客様にとってベストなタイミングでできていたか？と、プロセスをなぞるように自問してみることで客観的に接客の問題点を発掘することができます。

小手先トークで誤魔化して仮に売れたとしても再来店はないでしょう。

今後の店舗ビジネスは顧客と深い信頼関係を育むことが生き残りの第一のポイントになります。

　顧客にとってなくてはならない人（従業員）になることが重要だからこそ基礎からしっかりと固めてストレスフリーを実現し、従業員らしい属人的な一手間を加えた接客で顧客を魅了していきましょう。
　店長や経営者自身も今後は画一的な教育だけではなく、こういった属人的な才能が開花するように手間をかけた教育が必要になります。
　顧客が店舗に求めることが変わることで教育のあり方も変わります。

3-4 購買後リスク把握と 理想の明確化で 単価は上がる

‖ 顧客の選択肢を疑え！

　本書の中で何度か「欲しいものを売るな」と伝えていますが、ここでは理由を説明します。

　欲しい商品を販売してしまうと次からオンラインショップで購入されて結果的にリピート率も低ければ顧客との接点が途切れるのでLTV（顧客生涯価値）も向上していきません。

　また、店舗や従業員が接客をすることによる介在価値を示すことができないため何のために店舗が存在しているのか、が見出せなくなります。

　オンラインショップの台頭で埋もれる店舗は今後廃業していくことになります。

　これを逃れるためには、「顧客の選択肢を疑う癖」をつけることが大切です。

　顧客が欲しい商品をそのまま買うことでどんなリスクが考えられるのか？この問いを何度も何度も行います。

　当然ながらリスク把握するためには、顧客情報が必要になり

ます。

　これは先述の通り顧客に憑依するレベルで情報収集すること
でリスク把握のための情報は集まります。

‖ 知識が感謝と感動を呼ぶ

　顧客はあなたの店舗で取り扱う商品やサービスに毎日触れて
いるわけではないので、どう考えても商品知識や業界動向につ
いての知識はあなたの方が上回っているはずです。

　この知識差を接客の中に取り入れることで介在価値を見出す
ことができます。

　これは私の実体験なのですが、最近海釣りにはまっていて、
まだ初心者だった頃に「江ノ島近辺でジグを使ったショアジギ
ングをしたいなと思っていまして……ネットで色々と調べてこ
の竿にしようかなと思っているんですけど、いいですか？」と
聞いたところ、「もちろん良いと思いますよ！」と否定されな
かったことが嬉しかったです。

　中には、「それはやめた方が良いですよ」と否定する販売員
がいますが、顧客の選択を否定すると顧客はストレスを受ける
ので絶対にしないようにしましょう。

　話を戻すと、その方は続けて「良いのですが、お客様が江ノ
島中心で釣りをされるのであれば、こっちの竿の方が良いです
ね、なぜなら……」と地形や釣れる魚やサイズを考慮してベス
トな釣り竿を提案してくれました。

　ここで私は後悔します。

「あ〜ネットで調べて時間を無駄にするくらいなら最初からプロに相談すればよかった……」と。

　これこそが販売員が介在する価値だし、店舗の存在理由だと思います。

　さらに、販売員の方から「お客様は船釣りも楽しみますか？」と聞かれたので「まだそんなに行ったことないのですが、行ってみたいですね」と答えたところ、「私もたまに朝4時に家を出て（笑）江ノ島から船釣りに行ってまして……」と携帯で釣果写真を沢山見せてくれました。

　これも自慢気ではなく、これから本格的に釣りを始める人にとって心強い存在に見える接客でした。

　そして、私が写真を見て「こんなのが釣れるんですか？すごい！！」と驚愕したところ、販売員が「相模湾は色んな魚が磯場からも沖からも釣れますよ。ご自宅が江ノ島に近いと聞いて本当に羨ましいです」と言ったので「えっ、ちなみにこの竿では船釣りはできるんですか？」と聞いてしまいました。

　「いえ……全くの別物です」と返答があり、我ながら「やられた！！」と心の声が漏れそうになるほど見事なトーク展開でした。

　私は磯場から釣る用の釣り竿を買いにきたところ、今後の展開として船釣りもある、しかも磯場よりもコンスタントに釣れる、という情報をいただきました。

これは未来の話です。私にとってはそんなに沢山釣れるなら行ってみたいなぁと理想（夢）が広がりました。

　当然販売員に、「〇〇丸がおすすめで船長も優しいのでぜひ一度乗ってみてください♪」と言われ、結局、船釣りに必要なセットも購入しました。

　今では磯場の釣りよりも圧倒的に船釣りにいく機会が多く、販売員の提案に心より感謝しています。

　磯釣り＋船釣りセットで客単価も向上し、私は販売員に感謝をする、これこそが理想的な接客です。

　後日談ですが、アマダイの船釣り大会に出るほどはまっています（笑）。

潜在ニーズを引き出す プロ販売員の質問力 （質問のパターン）

質問は「商品価値」から考える

　客単価が上がる販売員は高い顧客理解力を持っているのは前述の通りです。

　ここでは「どうやって質問力を高めるのか？」についてお話をします。

　商品知識が質問の源泉になると話した通り、質問のベースは商品価値からきます。

　たとえば、雨に強い靴であれば「これまでにゲリラ豪雨などで靴がびちゃびちゃになって、完全に乾いていない状態で履いて不快な思いをしたことはありませんか？」という質問を投げかけることができます。

　そしてお客様から「ビジネスシューズ1足しかなかったのでものすごくよくわかります（笑）」と返答があれば、雨に強い靴が売れる可能性が高まりますよね（もしくは2足一緒に販売するというのもありですね）。

　客単価を上げるための商品価値を源泉とした質問のパターン

は以下の通りです。

> ・「〜で困ったことはありませんか？」
>
> ・「〜で不快な思いをしたことはありませんか？」
>
> ・「〜で嫌な思いをしたことはありませんか？」
>
> 　→過去に同様の商品を購入してリスクが表面化した経験
> 　　の有無
>
> ・「〜で後悔したことはありませんか？」
>
> ・「購入後に『あ〜こっちにしておけばよかった』なんてい
> 　う経験ありませんか？」
>
> 　→元々違う商品と検討して低額商品を購入したことで後
> 　　悔した経験の有無

と、このように潜在ニーズを引き出すために**商品を使ったことで生まれた後悔やトラブルがないかを確認します。**

「あ〜言われてみれば！」となればあなたが売りたい商品を販売するチャンスが生まれます。

‖ 顧客満足度＝「店員さんのおすすめにしてよかった！」

高額商品になればなるほど当然ながら満たすことができるニーズやリスクに対処できる可能性が高まります。

店舗で商品やサービスを購入して後悔するような経験があると確実にリピート率が下がるので、質問をして客単価が上がるよう潜在ニーズを表面化させる工夫が必要になります。

　潜在ニーズを引き出すことがうまくなることで客単価が上がるだけではなく、購買後満足度が高まることもポイントです。

　購買後満足度とは商品やサービスを購入した後の使用感です。
　このタイミングで「やっぱりこっちにしておいてよかった！」もしくは「店員さんの言う通りにしておいてよかった！」と思わせることでリピート率は高まります。
　顧客感動を生み出す接客というのは、このように本来検討していた商品ではなく、ワンランクアップ・ツーランクアップの商品を選択することで生まれるのです。

客単価アップを妨げる 3つのフレーズを 封印しよう

客単価 DOWN の禁止フレーズ！

　客単価が上がれば上がるほど顧客満足度が高まるのですが、それを妨げるフレーズがあります。

　これから紹介する3つのフレーズは接客の中では使わないように気をつけましょう。

①「ご予算をお聞かせいただけますか？」

　まず、最初に紹介するのが予算です。

　はっきり言いますが、**予算は聞くな！**です。

　なぜ、予算を聞いてはいけないのかというと、1万円の予算と言われてしまうと1万円以上の提案ができなくなります。

　中には、1万円の中で最適なプランニングをすることこそが満足度を高めると言う人もいますが、そうではありません。1万円の商品よりも1.5万円の商品の方が満たせるニーズの幅は広げることができます。

　1万円の商品で満たせないニーズは1.5万円の商品で満たすことができます。

　1.5万円でこそ満たせるニーズがお客様にあるのかを確認することこそが介在価値になるため、始めに予算を聞いて小さくまとめる接客をするのはやめましょう。

　これは現役の販売員でもある私ですら感じていることですが、予算はあってないようなものです。
　お客様は損失を最小限にしたいから相場よりやや低い金額を予算として提示してきます。価値ある商品で、ニーズにピッタリであれば高額商品も気持ちよく購入してもらうことができるので予算を聞くのはやめましょう。

②「いかがですか？」
　続いてのフレーズは「いかがですか？」です。
　このフレーズはクロージングトークで使われることが多いのですが、私はほとんど接客販売では使いません。
　なぜなら、私がお客様の立場に立ったら売り込まれたと思うからです。
　顧客が欲しいと思っている商品を右から左に売る方が、客単価アップにつなげる接客よりも当然ながら簡単です。
　だから、ショートカットして「いかがですか？」と押し売りのようなフレーズを多用してしまう人が多いです。

　接客販売で客単価を上げていくためには言葉の順序が重要です。
　日本語を主語と述語の順で話すように、接客販売にも型があ

ります。

　いかがですか？のフレーズを使う時、顧客の心理状態はどう
なっているのかというと「価格＞価値」の状態になっています。
　支払う金額の方が商品価値より高いので迷っているわけです。
　「これで本当にいいのかな、騙されてないかな」「こんな高い
商品である必要があるのか？」と迷っているのです。

　この状態で押し込むようにクロージングをかけても逆効果で
す。
　前述の通り、質問をしてニーズを広げるのが先です。
　そして、「価格＝価値」の状態を作ることが大切です。
　そうすればお客様から「私にはこれがいいのね」とセルフク
ロージングしてくれます。

　この接客販売の特徴はクレームがないことです。なぜなら、
売り込まれたわけではなく、自分で決めたからです。無理にク
ロージングをかけるとクーリングオフ率も高まりますからおす
すめできません。

③「いや……」「でも……」
　お客様の発言に対して反論をするトークはおすすめしません。
　なぜなら、顧客は自分の選択を否定されたくないからです。
　自分なりに考えてこれにしようと決めた商品に対して「いや、
この商品はやめた方が良いですね」と言われたら誰だってカチ
ンときますよね。

否定語から始めるのはやめましょう。

　誰も得をしないし、ただ販売員が偉そうな態度、マウントを取るような接客になるだけです。お客様は当然ながら購入を先送りにするでしょうし、二度とこのような対応をする販売員のもとには帰ってきてくれないでしょう。

　まずは、一度お客様の選んだ商品やお客様の考え方を受け入れましょう。
　「なるほど」「素晴らしいですね！」と承認をされた上で、「お客様、こんなシチュエーションで使うことも考えられませんか？」と聞かれれば「えっあるかも……じゃあこっちの方がいいのかな」と不快感を感じることなく選択できますよね。
　そこで、「その通りです！」と言えば良いのです。

　これが「いや、やめた方がいいですよ。お客様の使い方だとこんなトラブルの可能性があるので、こっちがおすすめです」と語気強めで言われると、言っていることがまともでも素直に受け止められず怒りが勝ってしまいます。
　これではせっかくの提案も台無しになるので、お客様の発言は否定せずに受け入れるようにしましょう。提案はそれからです。

　この３つのフレーズを封印するだけで客単価アップの確率は上がります。
　早速販売員の接客を録音してみましょう。

店長と販売員で一緒にこの音声を聞いて文字起こししてみると、色々と気づけるのでおすすめです。

　売れない人ほどこの三つのフレーズを使っています。
　封印の成功法は意識して、使ってしまったら「次から気をつけよう」を繰り返すことです。
　「あ～また使ってしまった、ダメだ自分は……」と必要以上に自分自身を傷付けることはありません。
　少しずつ減っていきますから、じっくり習慣改善をしていきましょう。

3 - 7 客単価が下がる接客マインドを潰す

成功体験を積もう

　客単価を上げることで顧客満足度が高まると、私はポリシーを持って店頭に立ち、沢山のファンを獲得してきました。

　しかし、起業独立をしてから様々な企業や店舗の支援をしていて驚いたのは「客単価を上げるのはお客様に申し訳ない」という思い込みを持っている人が多いことでした。

　だから、起業当初は「あの人は必要のない商品を売りつけてトップになった講師だ」と受講生の感想に書かれたのかもしれません。

　はじめは正直戸惑いましたし、そんな解釈があったのかと驚いたのですが、後にわかったことがあります。

　それは単純に、顧客満足度の高い接客を誰からも教わらなかったということです。

　私は ABC マートや PC デポで客単価をアップすることが顧客感動につながることを嫌というほど教わってきたので、客単価＝顧客満足度という前提があります。

この差を埋めるためにもまずは、成功体験を積んでもらうことに重きを置いて教育研修をしました。

▌高単価接客販売への道

その理屈（接客法）が本章に書かれている接客販売の型です。

当社クライアントは、この理屈を理解し、第4章で紹介しているセルフトレーニング方法で客単価を上げることによる申し訳なさを克服しています。

今ではどのクライアントも客単価を上げることに迷いを感じませんし、実際に昨年度対比で110％を超える企業は客単価とリピート率が上がって獲得している実績です。

仮に広告費を上げてもいきなり新規集客数が爆増するわけではないですし、広告からの流入は購買率が高いわけではない点からも、これらの実績は店舗で働く従業員の努力の結晶だと思っています。

このように客単価とリピート率が上がることで集客コストが下がり、一人当たりのお客様の利益率が高まります。その結果、高収益店舗を作ることができているのです。

もう一度言いますが、**客単価が上がらないのは、客単価を上げることの正しさや価値を教える人がいないからです。**

社内の教育体制を見直しトップセールスの客単価やリピート率を算出して根拠を求めることをおすすめします。

これまで担当したどの企業もトップセールスは成約数が多い

だけではなく、客単価とリピート率が高いです。

　さらに紹介客も多いため個人業績が安定しています。

　信頼した販売員にしかお客様は紹介しません。

　紹介が生まれるということはそれだけ高い顧客価値を提供していることに他なりません。

　根拠のあるデータと、客単価アップへのマインドブロックのある従業員のブロックを外す教育の機会、この二点を克服することで社内全体が一気に高単価接客販売へシフトします。

　一度文化になってしまえばもうこのことで悩むことがなくなるので、第4章へ進みぜひ自社に接客販売教育を導入しましょう。

　当社でももちろん私が直接担当させていただくので、いつでもお問い合わせください。

客単価が上がる接客術を身につけるトレーニング法

4 - 1 個人面談をして接客プロセスの どこに課題があるかを特定する ［ストレスフリー面談シート］

‖ 接客の採点をする

　客単価が上がる接客術をマスターするためには、はじめに顧客に不快感やストレスを与えていないかをチェックする必要があります。

	入店挨拶	商品閲覧	アプローチ	ニーズ喚起	試着	商品説明	クロージング	会計	見送り
スタッフ A	5点	6点	3点	8点	9点				
店長	7点	6点	3点	7点	5点				

①スタッフ A……自己採点
②店長……スタッフ A の採点
③お互いに見せる
④点数の根拠の説明
⑤課題プロセスの特定と改善

　このシートは、**客単価アップの土台となるストレスフリー接客を実現する面談シート**です。お客様が入店してから退店するまでのプロセスを、スタッフに 10 点満点で採点してもらいます。

そして、マネージャーも同様に、該当スタッフの接客プロセスが顧客にストレスを与えていない状態になっているかを10点満点で評価します。

10点がストレスゼロの状態です。

このシートの具体的な運用方法は、スタッフの採点を見てからマネージャーが採点するのではなく、個々で自己採点、他者採点をして面談時に同時に出し合います。

面談時までお互いに何点をつけているのかがわからない状態にしておく、ということが大切です。

‖ 評価の理由を伝え合う

そして、まず、スタッフから点数をつけた根拠を話してもらいます。

マネージャーは話を聞きながら左側のメモ欄に気づいたことをメモしていきます。

そして、スタッフが根拠を話し終わったら今度はマネージャーの評価を伝えていきます。

なぜスタッフから先に話をさせるのか？

これには理由があります。マネージャーから評価してしまうとスタッフの番になった際に本音が言えなくなってしまいます。

たとえば、スタッフが入店挨拶で9点をつけていて、マネージャーが6点をつけているとします。

スタッフから答えることで自分なりの点数の根拠を説明しやすいです。

　しかし、マネージャーが先に「入店挨拶も5割程度のお客様にしかできてないだろう。あと、笑顔も足りないな、6点でも高いくらいだ」と言ってしまったら、9点をつけたスタッフは「なぜ9点をつけたかというと……」と話ができますか？絶対に無理ですよね。

　むしろ「9点なんかつけてすみません」と謝るんじゃないでしょうか。

　これでは効果的なコミュニケーションに発展していかないので、先に話をさせてスタッフの意見をすべて承認しましょう。

　そして、マネージャーからの評価が終わった段階で、入店のプロセスから順番に、どうしたら10点になるかを話し合うようにしましょう。

‖ 実行計画を立てる

　ここからは主に右側の「実行計画」にメモをしていきます。

　たとえば、入店挨拶でスタッフは9点、マネージャーは6点をつけているとします。

　たしかに悪いわけではないが、客観的に見て笑顔が少ない、声も小さい、ここから改善してみないか？とスタッフに交渉をします。

　絶対に「全然できてないよ調子に乗るな、何が９点だ！」のような否定・批判は御法度です。本人なりに採点をしているので自己評価が高くていいじゃないですか。

　フェアにお互いの根拠をならべて「これはできてる、これはできていない」と明確にしながら強制せずに、気づきを促すようにコミュニケーションを重ねていきましょう。

　課題となるプロセスの選定は基本的に先に説明した通り、入店からが鉄則です。

　具体的に事例で説明をしましょう。

　たとえば、入店挨拶とクロージングに課題があるとします。

　特にクロージングが苦手だからクロージングから課題解決していこうと決めたとします。

　なぜ、この選択が間違っているのかというと、入店挨拶の時点で不快感を与えているのでクロージングに辿り着く前に退店してしまうリスクが高いからです。

　この場合は、まず入店挨拶のストレスを排除することから始めると良いです。そして、次にクロージングの課題へと着手しましょう。

4 – 2

ビジネス書は最低でも月1冊は読む［ビジネス書フォーマット］

▍技術と知識は本で身につける

あなたは1ヶ月にビジネス書を何冊読んでいますか？

私は店長研修や販売員研修で**最低1冊以上のビジネス書**を読むことを毎月の課題にしています。

なぜなら、**客単価が上がる接客術を身につけるのも、顧客感動を生みリピート率を高めるのも技術だからです。**

技術は知識と情報から身につけます。何かを始める時は、知っていることと、わかっていることの中から行動できることを見つけて実行に移しますよね。

知らないし、わからないことを人は行動することができません。

そこで、よりよい接客をする、より顧客にとってなくてはならない存在になるためには、相応の技術が求められます。

読書が苦手な人こそ本屋に行こう

　一番のおすすめは本書をはじめとした接客力が高まる知識を習得するための読書です。

　最もコスパ良くスキルを身につけることができます。

　本書のようなビジネス書を読み慣れている方であれば、Amazonで気になった本をポチポチして購入していただくのも良いと思います。

　しかし、読んだ本がまだトータルで100冊以下の方はAmazonで購入する、もしくはおすすめされた本を購入する前に、自分で**本屋さんに足を運んでじっくりと本を選んだ方が良い**と思っています。

　なぜなら、はじめはビジネス書からノウハウを抽出するよりもビジネス書を読むことに慣れる方が重要だからです。

　いきなり多くの人がハードだと思うビジネス書を読んでも意味がわからず途中で読むのをやめてしまう確率が高いです。

　そうなるとビジネス書アレルギーみたいなものが発動し前向きな気持ちで今後読めなくなる可能性があるため、本屋さんで読みやすそうだなとか、勉強になりそうだなとフリーテーマでビジネス書を手に取っていただくと良いと思います。

　私も過去に『トップ販売員のルール』と『接客の教科書』を出版したことがあります。前者はトップ販売員になるために必要な100のルールで、後者は接客初心者向けのため左半分がテ

キストで右半分は図解になっている本です。

　私がこれまで出版してきた本の中では読みやすく理解しやすい本です。

　まずはこういった軽い気持ちで読み始め、興味の度合いを高めていくことをおすすめします。

　ビジネス書の中には、いろんなビジネス書の一節を引用する本もあります。

　心に響いたワードがあれば、原作をお読みいただくことでビジネス書のテーマの幅も広がっていくと思います。

　読めば読むほど積み上がるものです。

　すぐに役に立つものもあれば時間が経ってから役に立つものもあります。

　大切なのは毎月読み続けるという習慣を確立することです。

　そうすることで知識の幅が広がり行動の選択肢が増えます。

　身につくスキルも多様化していくことで客単価を向上させる顧客との信頼関係を構築するコミュニケーション技術が身についたり、顧客が理解、納得しやすいセールスプロセスコミュニケーションを構築することができます。ぜひ、本書を機に習慣化していきましょう。

ビジネス書フォーマットの使い方

　これから紹介するビジネス書フォーマットは大きく分けて3つのパーツに分かれています。

① P（プラン）：実行計画

② D（ドゥー）：実践

③ CA（チェック・アクション）：結果・振り返り

あなたは PDCA サイクルをご存じですか？

いわゆる目標達成するためのプロセスです。

このプロセスを、ビジネス書を読む際にも役立てることが本フォーマットのポイントです。多くの人はビジネス書を読んで満足してしまいます。そして、できた気になります。

現実世界は何も変わっていないのですが、自分はできる人間だ！と錯覚しないためにもこのフォーマットをぜひご活用ください。

まずビジネス書を選ぶところから説明します。

　あなたは本屋さんに行って、読みやすそうな本を選んでいませんか？

　もしそうなら、微妙です。なぜなら、本選びが読書の8割上の価値を占めるからです。

　あなたの課題や身につけたい能力にピッタリな本を選ばなければせっかく購入する1500円＋3時間の読書の効用を最大化させることはできません（そもそも本書をはじめほとんど読書経験がないのであれば10冊までは読みやすそうな本を読んで慣れるのはOKです）。

　書籍を選ぶ上で明確にしたいのが、「**あなたが解決したい課題**」です。

　目標予算や理想的な組織を作る上であなたが今抱えている課題は何ですか？

　この課題を解決するためにビジネス書を読むわけです。

　まずは課題設定に時間をかけましょう。

　続いて書籍選びをするのですが、はじめのうちは書店に足を運ぶことをおすすめします。

　Amazonのレビューを見て買うのも結構ですが、どんな本なのかがわからない（もしかしたら専門用語だらけで理解できないかもしれない）ので立ち読みしてフィーリングが合うかどうかを確かめて購入しましょう。

　そして、早速読みます。

　どれくらいの期間で読めばいいですか？とよく聞かれるのですが、**ズバリ10日以内**です。読みながらで構いませんので、「このアイデア素晴らしいな」「この取り組み真似してみたい」と行動に結びつくポイントとなる部分は赤線やポストイットで印をつけるなどしておいてください

　読み終わったら、どんな本だったのかをまずアウトプットしましょう。感想でも要約でも構いません。
　左中段部分に記入をします。
　左下の3つの行動は先ほど紹介した印をつけたところから抜粋していただくとよいと思います。
　この3つの行動目標を立てる際のポイントとしては、これまで他の本で読んだことがある、もしくは上司から教わったことを書くのではなく、**本書と出会うまで知り得なかったアイデア（行動・取り組み）を書く**ことです。
　すでに知っていること、わかることを書くのではなく、本を読んで初めて知ったメソッドを書くようにしましょう。
　ここまでが「P（プラン）」になります。実行アイデアがまとまったところで早速実践してください（ここまでで10日間です）。

　10日かけてビジネス書を読んで、10日かけて実行します。
　「D（ドゥー）」の部分です。
　ここでは**10日間実践をした途中経過**を記入してください。
　「全く手がつけられていない」「50％程度終わっている」「あ

と、最終決裁で完了」など、現状を書いていただき、残りの10日間でどう改善するのか、再度目標設定をしましょう。

「全く手がつけられなかった、残りの10日間の日割りタスクを明確にして取り組む」など、です。

再度明確なプランを決めることで放置せず未遂で終わることを防ぐことがD部の取り組む意義です。

最後に「CA（チェック・アクション）」です。

改善を施して10日間取り組んでいったいどんな成果に繋がったのか？

「残りの10日間で日毎のタスクに分解したことですべて実行に移せた。結果的に従業員から感謝された。今後も毎月〇〇に取り組んでいき従業員満足度をたしかめていきたい」このように得られた成果を書き込みます。

フォーマットを使いながら、月1冊、ビジネス書を読破していきましょう。

4 - 3 高価格帯店舗で接客を受けてプロ接客を学ぶ

高級店は学びの宝庫

　お休みの日や仕事の帰り道に商業施設に立ち寄ることはありますか？

　私は都内に住んでいた時は、休日や帰り道に百貨店や商業施設に行くことがありました。

　この時に、必要なものだけを買って帰るのではなく、あえて、高級店に足を運ぶようにしていました。

　特に欲しいものがあるわけでもないのですが、店員さんの所作や服装、身だしなみを見て「やっぱり高額商品は接遇の質が高いな」といつも思わされ、とても勉強になります。

　商品の陳列の仕方も、埃ひとつ落ちていない店作りにもプロ魂を感じていましたし、おそらく厳しいルールのもと運営されているのでしょう。お金を一円もかけていないのに学ぶことしかありません。

　定期的に足を運ぶことで一流の基準を再確認できるので大変おすすめです。

メンタルブロックを取り外す

　クライアントにも定期的に高額商品を取り扱う店舗に足を運んでもらっているのですが、これまで説明した以外にも理由があります。

　それは、販売員が高額商品を遠慮なく勧めてくる姿勢から学べることが多い点です。

　多くの販売員は、高額商品やプラス１品の商品を提案することすら躊躇することがあります。

　なぜなら「これ以上お金を払ってもらうのは申し訳ない」という思い込みがあるからです。

　お客様にとって支払う金額以上のメリットがあると知りながら、断られることへの恐怖心を乗り越えることができず勧められないという人は少なくありません。

　先日クライアント先の児童向け学習塾でも、とある教材の、＋1000円払えば劇的に便利になるツールを販売することになったのですが、どう考えても販売するべきところ教室長はわざわざ「こういうの売り込むのが好きじゃないんですけど……」と長い前置きをして親御さんに話をしていました。

　親御さんはむしろ「えぇ、このマジックテープはとても便利ですね。時間短縮なるので助かります」と興味を示し、一人が買いました。

　そこで自信をつけたのか、授業中に購入してくれた親御さん

の例を出したところ全員が買ったのです。

　講師も教室長も有った方がよい！と思っているのに、お客様に自信を持って勧められないメンタルブロックは顧客感動を作っていく上でとてつもなく邪魔な存在です。

　こうして成功体験につながることで、客単価がアップしても躊躇なく提案できるようになる人もいますが、商品が変わればまた元通りになる人が多いです。

‖ 高級店の接客を取り入れる

　これは、私の研修だけではなく、日常生活の中でセールスをうける機会を作ることで「あっこんなに躊躇なく勧めていいんだ」と、メンタルブロックを解除できます。

　それには、高額商品を扱う店舗で接客を受けてもらうのが効果的です。

　お客様として入るのも躊躇すると最初は及び腰だったクライアントの従業員にも、何店舗か入ってみて翌日朝礼で学びをシェアしたり、先に挙げた +1000 円のツールのような商品を決めて「どうしたら売れるようになるのか？」のミーティングを開き、高額商品を販売する店舗の接客をどう取り入れるのか思案してもらっています。

　これがとても効果的で、定期的に高額商品を見て触れるようにもなっているのか躊躇しなくなるし、堂々と勧められていま

す。

　結果、客単価が 115 ％上がった店舗もあり、大幅な利益増を実現しています。

　同じ店舗・同じ商品・同じスタッフと客数が変わっていない中での 15 ％の売上アップは驚異的ですよね。

　まさに、人材力が成し遂げた結果と言えます。

　このように、研修やビジネス書のみならず**日常生活から高額商品に見て触れて接客を受けることで、少しずつ「勧めるのが申し訳ない」というメンタルブロックは解除されていきます。**

　ぜひ店舗メンバーと一緒にゲーム感覚で取り組んでみましょう。

　それぞれが足を運んだ店での気づきは客単価アップに欠かせないアイデアの宝庫ですから。

4 - 4 全商品の体験・試着をする、無理な場合は顧客の声を集める

‖ 体験こそが一番のセールストーク

顧客に商品の良さをプレゼンテーションする際に、一番効力があるのは体験談だと思っています。

体験に勝るセールストークはない理由は、**臨場感**です。

実際に使ってみてどうだったのか？を語れるのは大きな武器になります。

使用したことがない商品だと、どうしてもカタログに記載している商品の良さ以上の価値を伝えることは不可能です。

顧客は、カタログに書いてあるような説明を受けても当然ながらワクワクすることがありません。

私もこれまでに数えきれないほど、カタログに載っているような接客をする販売員からは低額商品を購入しています。

なぜなら、高単価商品を購入して後悔したくないからです。

どれだけ高単価商品を勧められてもカタログ情報を超えられないので決定打にならないのです。

片っ端から試して本当の「おすすめ」を見つける

　あなたは、自社・自店舗で取り扱っている商品を片っ端から試していますか？

　私は、過去働いてきた ABC マートではできる限り試着をしてきたし、PC デポでは、時間を見つけてはパソコンを操作してきました。

　使いやすい、使いにくい、ここが素晴らしいといったカタログに載っていない情報は実体験でしか手に入らないからです。

　「この商品ものすごく使いやすいんですよ！みてください！」とパソコンを操作されたら少しワクワクしませんか？

　現状店内で取り扱っているメンズシューズで最も履きやすい靴です！と言われたら履いてみたいと思いませんか？

　どの商品が一番履きやすいかは、ジャンル別に常に試し履きをして決めていたので、自信を持って提案することができました。

　中には、私が試着することができない靴もあります。

　それがレディースシューズです。

　この時は、女性スタッフに靴を履いてもらって感想を集めて暗記するようにしていました。

　男性スタッフに「この靴履きやすいんですよ！」と言われても微妙ですよね (笑)

「いやいやうちの商品はすぐに試せるようなものじゃないんです！」という方もいらっしゃるでしょう。

たとえば、旅行や保険などのサービスです。

自分自身ですぐに試すことができない場合に関しては良い方法があります。

それは、**顧客の声を集める**ことです。

顧客の声を集めることで体験談として伝えることができます。

とにもかくにも体験談を伝えることで顧客の購買イメージやサービスを受けるイメージが明確になります。

あなたが提案した高単価商品の価値が一番早く伝わる手法なので、ぜひ実践してみてください。

4-5 「何のために高額商品を売るのか？」を理解する

「なぜ」がわからないと提案できない

　私も含めみんなお客様に不必要な商品を売りたくない、と思っているはずです。

　私自身、これまでのキャリアの中でも納得がいかなくて全くお客様に提案しなかった商品があります。

　「なぜこの商品をお客様に提案しなければいけないのか？」の理由を会社の利益重視としか受け止められなかったのが原因です。

　おそらく正当な理由はあったのでしょうが、それが店舗で働く私のもとに告げられなかった、届かなかったことで何のための商品なのかがわかりませんでした。

　自分自身の中で納得のいく商品であればプラスワン接客をしてお客様に自信を持って提案していたでしょう。

　しかし、価値が理解できていなければお客様に不利益になるわけですから勧めようがありません。

‖ 顧客メリットを考える勉強会を！

　自社・自店舗で取り扱う商品の価値は正確に理解できていますか？

　同じ靴でも 4000 円から、高い靴だと 30000 円を超えます。

　知識がなければ当然ながらただの高い靴であり、自分から勧めることはしないでしょう。

　また、靴店にはプラスワンとして防水スプレーやインソール、お手入れ用品などたくさんの付帯商品があります。

　それぞれの知識や商品価値を理解できていなければ、当然ながら売れませんし提案のしようがないでしょう。

　この状況のよくないところは、「欲しい人が買えば良い」と自分から提案することを完全に拒絶することです。

　販売員としての介在価値がなくなるので大変危険な状態です。

　店舗全体でこのような状況を防ぐために、販売する目的を理解できるように個々での勉強、店舗全体での勉強会をすることをおすすめします。

　携帯キャリアショップのクライアントも毎日 15 ～ 30 分の勉強会をしています。

　自ら知識習得してくれれば一番良いのですが、毎日忙しく業務外での勉強を求めるのは難しいため、毎朝朝礼時に行っています。

今までは業務報告をするだけの朝礼だったのですが、廃止して毎日勉強会にしています。

　勉強会も飽きられたら困るので、工夫が凝らされています。

　穴埋め式の小テストをしたり、店長が新商品やサービスの勉強会に参加したのち、ミーティングの資料を作って全体で共有しています。

　また、スタッフが講師となってとある商品の勉強会をやったりと継続するための仕組みを取り入れています。

　特に携帯電話はサービスがコロコロ変わります。

　その都度高単価へとつながるオプションサービスや光サービスも変わります。覚えることも追いつかない状況を防ぎ、顧客への提案に漏れがないよう勉強会を工夫しているのです。

　この勉強会もただ知識を伝えるだけではなく、**その商品を販売することで生まれる顧客メリット**を理解することを中心に行なっています。

　ただ知識を習得するのではなく、お客様のどのようなライフスタイルに貢献できるのか？どんな競合サービスを利用しているお客様の役に立つのか？と、シチュエーションを中心に取り入れながら進めています。

　知識がしっかりと実践につながるような勉強会を実施することが大切です。

4 - 6 顧客の信頼を獲得する一手間のアイデアを出す

‖ 顧客感動を作る前に土台作りが大切

多くの店長や経営者は「どうしたらお客様が感動するのか？」というプラスのサービスを考えます。

しかし、伴った結果が出ることが少ないです。

なぜなら、顧客は店舗（営業）でストレスを受けているからです。

顧客にストレスを与えているプロセスを改善し、まずはストレスフリー（ゼロ）に持っていくことが最初にやるべきことです。その上で赤字の顧客感動を作っていくことを考えることが大切です。

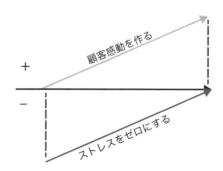

一度に顧客感動を作ろうと失敗するので、

ステップ① マイナスをゼロにする

ステップ② ゼロをプラスにする

と２段階で検討してみてください。

建物も基礎工事があってこそ立派な家が建ちますよね。立派な家ばかり考えて基礎がボロボロだったら意味がないですよね。

まずは基礎（ストレスフリー）を作ることに集中し、完了してから家（顧客感動）を作ることに専念しましょう。

‖「小さな喜び」の一手間を！

顧客を感動させてリピーターになってもらうために必要なことは、サプライズをして感動させることではありません。

クライアントにも「どうしたらお客様をあっと驚かせることができますか？」とよく聞かれます。たしかに一回で「やべぇリピ確定！」と思わせる方法を模索する姿勢は悪くありませんが、人はそんなに単純ではないのです。

一回のサプライズで感動を狙うのではなく、チリツモで小さな喜びを積み上げることが、感動を作り出すリピーター作りの最短コースです。

これは高単価商品を販売する信頼関係の構築のプロセスと同じです。

具体例を用いて説明しましょう。

　たとえば、クライアントのアパレル店では入店挨拶で、「体を向けて目を見て挨拶をする」という一手間があります。

　これまでは作業しながら時折お客様の顔をちらりと見て「いらっしゃいませ～」という程度で、お客様の方をしっかりと見ることがありませんでした。

　ストレスを軽減するために笑顔を徹底することに取り組み、ベースはできていました。

　しかし、さらに一つ上をいく挨拶をスタッフが主体となって考えたところ「“体を向けて目を見て”笑顔で挨拶する」に変えました。

　すると、お客様が挨拶を返してくれて接客アプローチにスムーズに入ることができるようになりました。

　お客様も「あらっ感じが良いわね」と思ったからこそ挨拶を返してくれています。

　顧客感動や高単価商品を販売する上で、この一手間がとても重要なのはおわかりいただけると思います。

　続いて携帯ショップでは、商品説明のプロセスで専門用語を排除する（たとえば通信のGBと容量のGBの違いなど）ことで顧客のストレスを回避することができていました。

　このプロセスでの一手間は「ここまでよろしいでしょうか？」と必ず一度以上質問をする、とスタッフからアイデアがあがりました。

　目の付け所が素晴らしいですよね。専門用語を使わなければ

伝わっていると思い込むのではなく、念を押す質問が安心感を作り出し、小さな喜びにつながります。

　顧客のストレスを回避する解決策のみならず、第3章で説明をしたストレスフリー接客を仕組み（ルール）や教育を通して構築することができたら、次は、**各プロセスにどんな一手間を加えるかを検討し、アイデアを募集**してみましょう。
　「こんなことされたら嬉しいよなぁ」という程度の話で構いませんので、休憩時間や手隙の時間にスタッフと談笑しながらアイデアを集めるというのも、店舗のサービスレベルが上がるだけではなく、スタッフの発想力向上にもつながるのでおすすめです。

▌成長シートの使い方

　さらに、並行して成長シートを活用していくことで、自己成長が促され仕事の悩みが消え目標達成し続ける人材へと成長することができます。当社のすべてのクライアントが取り組んでいるツールなのでぜひあなたも早速記入して活用してみてください。
　3ステップで簡単に記入できます。

ステップ1　目標を決める（テーマでもOK）
まず目標がなければ始まりません。
具体的にあなたが達成しなければいけない目標は何なのか？

もし新卒や入社してから浅い場合は「商品知識を完璧にする！」とかでも OK です。できれば客単価を 10 ％上げる、予算 +10 ％を達成するなど具体的な数値で決められると良いです。

ステップ２　目標達成に必要な能力・課題・悩みを３つ記入する

続いて目標が決まったら目標達成に必要な能力や解決しなければいけない課題、克服しなければいけない悩みを記入しましょう。

それぞれ１つずつではなく、能力３つでも構いませんし、課題３つでも OK です。目標達成するために必要な項目を記入しましょう。

ステップ３　具体的なトレーニングを記入する

最後に、記入するのが具体的なトレーニングです。

スポーツと同じで、具体的に決めることが大切です。できる限り素振りする、ではなく毎朝 30 回素振りをする、と具体的に決めた方が成果につながりやすいですよね。

5W1H を明確にしたトレーニングを記入していきましょう。

例

●月成長シート

目標：客単価 10% アップ（靴・アパレル）

氏名

能力・課題・悩み
関連商品の知識がないから 習得する

解決するために何をする？	O or x
全小物商品を使ってみて使用感を メモする。	

解決するために何をする？	O or x
小物商品提案の接客ロールプレイングを 毎週月曜日朝に2回（5分ずつ）行う	

解決するために何をする？	O or x
お客様の前で実演できるように 毎日自分の靴で試して熟練度を上げる	

能力・課題・悩み
クロージングをしない接客を マスターする

解決するために何をする？	O or x
質問力を高めるために健在ニーズ・ 潜在ニーズを明確にする質問リストを作る	

解決するために何をする？	O or x
競合商品と比較されることが多いので 競合商品と自社商品の違いを明確にする	

解決するために何をする？	O or x
先輩・上司にどうやってクロージングせずに 販売しているのかを相談する	

能力・課題・悩み
客単価アップの提案に必要な コーディネート技術を習得する

解決するために何をする？	O or x
対象層のアパレル（靴）雑誌はすべて 購入して全て目を通す。	

解決するために何をする？	O or x
インスタや ZOZOTOWN で コーディネート例を仕事場で取り入れる	

解決するために何をする？	O or x
今まで着た（履いた）ことがないアイテムを コーディネートに毎回取り入れる	

◇一ヶ月取り組んでみて良かったこと、うまくいかなかったこと（感想）

例

●月成長シート

目標：カテゴリー A の商品知識を習得する

記入日付　　　　年　　　月　　　日

氏名

能力・課題・悩み
知識習得のための時間管理

解決するために何をする？	O or x
タイムマネジメントに関する書籍を1冊読む	

解決するために何をする？	O or x
必ず出社したら目標設定をしてから取り組む 上司に1日のプランの評価をしてもらう	

解決するために何をする？	O or x
毎日勤務後に目標達成できたかの 振り返りを行う	

能力・課題・悩み
商品知識の勉強の仕方

解決するために何をする？	O or x
カテゴリー A 商品の試着を週 30 商品行う 1ヶ月で120 商品を試着し特徴をメモする	

解決するために何をする？	O or x
カタログ情報に基づいた小テストを 上司に作ってもらい毎週テストする	

解決するために何をする？	O or x

能力・課題・悩み
暗記・思考法について学ぶ

解決するために何をする？	O or x
脳力開発に関する書籍を1冊読む	

解決するために何をする？	O or x
売れている先輩・上司（○○さん）に どうやって商品勉強しているかを聞き すぐに取り入れる	

解決するために何をする？	O or x
カタログ情報を実践で使えるように 接客ロールプレイングを毎週火曜日の朝 先輩・上司と行う	

◇一ヶ月取り組んでみて良かったこと、うまくいかなかったこと（感想）

例

●月成長シート

目標：離職率を下げるチーム作り

記入日付　　　　　年　　　月　　　日

氏名

能力・課題・悩み
スタッフコミュニケーションを増やす

解決するために何をする？	O or x
月1回ずつ個人面談を開いて スタッフの悩みや不満をヒアリングする	

解決するために何をする？	O or x
1on1の技術を高める書籍を1冊読む	

解決するために何をする？	O or x
3S（承認・尊重・賞賛）コミュニケーション を必ず1日1度全スタッフに行う	

能力・課題・悩み
店舗の方向性を示して 巻き込めるようにする

解決するために何をする？	O or x
1年後にどんなお店にしたいのか ビジョンを明確にする	

解決するために何をする？	O or x
プレゼンテーションスキルを 身につけるため書籍を1冊読む	

解決するために何をする？	O or x
本部の上司と部下（副店長）に プレゼンを壁打ちする	

能力・課題・悩み
責任感とモチベーションを高める 権限委譲を行う

解決するために何をする？	O or x
自分以外でもできることを整理して 誰に何を任せるのかを明確にする	

解決するために何をする？	O or x
権限委譲に必要なスキルマップを作成し、 売場を週ごとに区切り30分の教育をする	

解決するために何をする？	O or x
権限委譲に伴う目標設定とPDCAを 月に1回面談形式で行いアドバイスをする	

◇一ヶ月取り組んでみて良かったこと、うまくいかなかったこと（感想）

4-7

話を合わせる
雑談力を高める
"雑誌乱読"

‖ お客様の読む雑誌をチェック

　お客様があなたを信頼するためには、お客様とどれだけ共感・共通点を見出せるかがポイントの一つになります。

　私も現役販売員の頃は、ビジネスシューズの販売をしていたので地元の新聞（神奈川新聞）、大手経済雑誌は定期購読をしていました。

　常連のお客様の勤める会社の話題があれば、切り抜いて次回の来店の際にいつでも引き出せるようにノートに貼ったりしていました。

　当然ながら常連だけではなく、新規のお客様にも共感ポイントを見出すことができます。

　雑誌を読んでいたことで「〇〇業界で働いているんですけど」とどう考えても大学生は知らないだろ、みたいなトーンで言われましたが「あっわかります、最近法改正して話題になりましたよね？」と答えたところ「えっ？知ってるの？？」となったようで、その途端お客様のマシンガントークが始まりました。

私もすべてを知り尽くしているわけではないので、「めちゃくちゃ勉強になります」と学ぶ姿勢で聞いたことをよく覚えています。

　最初の共感があったからこそスムーズに信頼関係が築けた好例です。

　他にも妊婦のお客様が多かったため、「たまごクラブ」「ひよこクラブ」はよく読んでいました。このように私が趣味で読む雑誌だけではなく来店されるお客様の興味関心に興味を寄せることで信頼関係を築くことが可能です。

　「あなたの店舗に足を運ぶお客様はどんな雑誌やテレビを見ていますか？」

　ぜひ、仕事とはいえそこまでする必要ある？と思わずに一度取り組んでみてください。

　売場作りの参考になったり、POP を作る時のキャッチコピーとしても取り入れられるワードが雑誌にはちりばめられています。

∥ 客層の価値観がわかる

　クライアントでは、来店するお客様の年代の雑誌をほぼすべて揃えている店があります。

　携帯ショップと自動車販売店です。

　携帯ショップも受付に待ち時間を要しますし、自動車販売店

も見積り作成などお客様を待たせる時間があります。

　待合スペースで自由に雑誌を選んで時間を潰せることで顧客のストレスを軽減しています。

　中には、お客様が読みたい雑誌のリクエストもあったり、最近ではアプリで雑誌が読めるように iPad を用意している店舗もあります。

　個人的には、雑誌が沢山並んだ棚を用意することでお客様の喜ぶ顔を沢山見てきたのでおすすめですが、アプリで十分という若年層と、紙じゃないと読めないという高齢層に合わせて選択するのも良いかもしれませんね。それと、顧客満足度を高めるためのお話ではありませんが、これらの雑誌を全スタッフが読めるということが一番のポイントです。

　休憩室に雑誌の持ち込みが自由となっていれば、来店されるお客様の最新号の雑誌を読んでおくことで、「お客様、お待ちいただいている間、○○の雑誌読まれました？」と雑談ネタとしても使えます。

　スタッフがお客様に合わせた雑誌に普段から触れていることで価値観の理解にもつながり、接客力向上につながります。ぜひ対象顧客が読む雑誌を定期購読してみましょう。

　お客様にとっても従業員にとっても価値の高い販促・トレーニングになるでしょう。

第 **5** 章

お金をかけずに
お客様を集める
口コミ集客

5-1

広告は一過性、
口コミは資産となる

‖ 集客力は、チラシ＜口コミ

　今年でコンサルタントとして独立をし、15周年を迎えた私が口コミ集客を目的とした教育研修やコンサルティングをしているのには理由があります。

　それは、店舗ビジネスに必要な資源のすべてが手に入るからです。
　コストが下がり売上利益が最大化します。
　現に年商50億円規模のクライアントが年間5000万円の販促費をかけていたのですが、今は80％以上減らすことができています。
　さらに、**チラシではなく口コミを見て来店するお客様の成約率や客単価はとても高い**のが特徴です。
　つまり、チラシよりも質の高い顧客を得ることができる、ということです。

　これまでの店舗ビジネスは平日が暇で、土日で平日分のマイ

ナスを回収する、という流れが一般的だったと思いますが、口コミ集客ができている企業や店舗は平日の売上も好調です。

　なぜなら、グーグル上で「タイヤ　交換」「手洗い　洗車」と調べる人は緊急度が高いからです。

　チラシを見たお客様は土日がお得なら土日に行こうか、となりますよね。

　緊急度の高いお客様へのリーチをすることが難しいです。

▌広告＋口コミで、ゼロ円集客の仕組み作りを！

　その点口コミ集客はグーグル検索をするため、緊急度が高い人を自店舗に呼び込むことができ、平日土日問わず安定した集客を実現することができます。

　これは当社クライアントの事例（計10店舗）なのですが、2022年8月というピーク時期でもないタイミングに、口コミを閲覧して店舗へのルートを検索している人が3400人もいます。

　さらに口コミを見て店舗への電話をしている人が2300人います。

　被り件数もありますが、グーグル口コミから4000〜5000名近くの集客へとつながっています。

　しかも**ゼロ円で集客**できている点がポイントです。

　さらに、広告と違って、かけ続ける必要がありません。

　もちろん、口コミも集め続けなければ反応率が落ちるリスク

はあると思いますが、既に集まっている口コミが減ることはないので、広告のように、今月広告費ゼロ円にした途端、集客ゼロとはなりません。

　口コミは資産性が高く、仮に1件も集めない月があっても前月の8割くらいの効果があると実感しています。

　安定した集客を実現したい！という店長や店舗経営者は多いと思いますが、多くの人は広告がやめられない状況に陥っているのではないでしょうか。

　すぐに広告をやめて口コミ集客に移行する！という極端なことはせずに、広告で集客できているうちに新規来店客をファンにする仕組みと教育を導入していき、グーグル口コミからの集客を実感できてから少しずつ広告費を削り、最終的にゼロにすることを目標に取り組んでみてはいかがでしょうか。

5−2 高単価・高評価に つながる 店内の作り方

┃ ちょっといい備品を揃える

顧客にとって居心地の良い店内は口コミ投稿のネタになりやすいです。

さらに、高い接客力が相まって、高評価につながる口コミ投稿率が上がります。

たとえば当社自動車関連のクライアントでは、最近ヨーロッパから上陸した COSTA コーヒーのサーバーマシンを導入しました。

2022 年 8 月時点で原宿駅にも店舗がある上、自販機でも購入することができるコカコーラの流行りのコーヒーブランドです。

このコーヒーサーバーマシンを導入したことで、コーヒーの満足度とたくさんの写真をお客様がネット上にアップしてくださいました。

店内での退屈な待ち時間が華やかな香りに包まれていてここが店舗であることを忘れてしまいそうな空間になっています。

当然ながら顧客満足度も高いため、口コミ投稿を依頼しても気持ちよく投稿してくださいます。

　現時点で口コミ 1100 件・平均 4.7 点を集めている素晴らしい店舗です。

　接客が素晴らしいことは大切ですが、同じくらい**お客様が見るもの・触れるものは清潔で、価値が高いものにするべき**なのだなと思います。

　どれだけ接客が良くても店内が汚れている、整備工場が汚れているようでは高単価・高評価を獲得するのは難しいです。

　まず、「接客は良いけど……」の後にネガティブなワードが並ぶでしょう。

　この COSTA コーヒーの事例により、この会社では新店舗を中心にマシンの切替を検討しています。

　コストが顧客 1 人あたり数十円の違いで、高単価・高評価が実現できるのですから安い投資ですよね。

　見込み客も、オンラインで店舗を探す際に待ち時間がストレスであまり店舗に行きたくないと思う人は多いです。

　そこで、当社クライアントの美味しそうなコーヒーとコーヒーサーバーマシンとバリエーション豊かなドリンクメニューをみることで「この店ならゆったり過ごせそうだな」と感じてもらえます。

投稿イメージPOPで最大効果の口コミを！

　ちなみに、こういう口コミが集まるように口コミ投稿を誘導しています。

　投稿を強制してしまうと垢BANされてしまうのですが、お客様がどのように投稿しているのかという**投稿イメージをPOPにして、それを参考にしてもらっています。**

　このイメージを見ながらお客様も投稿するので、自然とコーヒーサーバーマシンや淹れたての美味しそうなコーヒーをアップしてくださっているのです。

　商品やサービスの写真ももちろん投稿して価値がしっかりと伝わるようにしていますが、一見商品販売に関係なさそうなファシリティも来店につながる十分な理由になります。

　顧客感情も、素晴らしい接客にふさわしいコーヒーや清潔なお手洗い（手洗い石鹸がAesop）などお客様が店内で触れるものが洗練されていれば接客価値を下げることはありません。接客価値を維持したまま店舗体験価値を向上させることができます。

　たとえば、高級ホテルで素晴らしいフロント対応だったのに、腰掛けたソファがシミだらけ、お手洗いも汚いとなったらガッカリしませんか？

　居心地の良さがなくなり、ホテル内で使うお金も減ってしまうのではないでしょうか。

　しかし、素晴らしいフロント対応で顧客が触れるものが洗練

されていれば「本当に素晴らしいホテルだ」と評価し、ホテル内で使うお金も増えるのは容易に想像がつくと思います。

　接客も店内も一貫性のある状態を作ることで高単価・高評価につながります。

　高品質な接客とファシリティこそが顧客との信頼関係を育む重要なポイントです。

　もちろん中には自分の権限では店内のファシリティに大きな投資ができない！という方もいらっしゃると思います。

　それでもお客様が座る椅子やテーブル、床の汚れ（ガム跡など）、壁面の剥げたペンキなどすっかり見慣れてしまったところを地道に修繕することなら自分達でもできますよね。私も良くヘラで床をきれいにしていました。

　今ある環境の中で顧客の店内での体験価値を高められる方法を模索していきましょう。

　できることから改善することが大切です。

　店は劣化するので定期的なメンテナンスが必要です。

　終わりがない取り組みですが、顧客を魅了するためにも継続していきましょう。

5－3 自店舗の強みは何か？ センターピンで 顧客感動を創造

‖ スタッフの強みから顧客感動が生まれる

顧客が入店してから退店するまでのプロセスの中で、**最も顧客に感動を与えられるプロセスはどこか？を検討してみましょう。**

このプロセス特定は、会社全体ではなく、店舗にいるスタッフの強みをベースに選択します。

今いるメンバー一人一人が無理なく持っているスキルを活かして顧客感動を与えられるプロセスを選ぶことが大切です。

第3章で紹介した入店から退店するまでのプロセスは全社統一で良いのですが、この顧客感動を与えるプロセスは店舗毎に変える必要があります。

大学生アルバイト中心と、主婦のパート中心の店舗では、活かせる強みは異なるからです。

たとえばクライアントの中で大学生が多い、ホームセンターでは、大型商品購入後に、必ず駐車場までではなく車内に入れるところまでお手伝いをします。

もちろんこれもお客様側からお願いすればやってくれる店舗はあるかもしれませんが、多くの店舗は配送対応になります。

　しかし、この店舗は午後は大学生アルバイト中心になるためご年配のお客様はあえて午後に来て、２リットル水×６本の段ボールを購入して、駐車場まで一緒に行くそうです。

　孫と話しているようで日常の楽しみにしているそうです。

　会計後に荷物を車内まで運ぶというプロセスで、顧客感動をあえて作っています。

　そのため、大学生アルバイトはバックヤードで検品作業などをするのではなく、基本的に店内にいます。

　そして、会計時にご年配のお客様が運ぶには大変そうな場合はインカムで大学生アルバイトを呼びます。

　会計後に商品を袋詰めするエリアで待機して「いつもありがとうございます。駐車場までお持ちしますね！」と爽やかな笑顔で対応する、というわけです。

　続いて主婦のパートが中心の自動車販売の店舗についてお話します。

　この店舗で働くパートは元々コールセンターで働いていたこともあり電話対応が素晴らしいと評判です。

　一般的には３コールで電話に出るというのを目指すのですが、さすが元コールセンターでマネージャーを務めていたこともありゼロ秒コール電話対応を全スタッフができるように教育をしています。

　お客様も電話をとるたびにびっくりして、店頭でも「いやぁ

びっくりしたよ、電話音が鳴るまえに出るんだから（笑）」と言います。入店前の電話対応で顧客感動を作っています。

　あなたの会社ならでは、あなたの店舗ならではの強みで顧客感動を作るプロセスを発掘してみましょう。

　先に紹介した大学生が働く店舗ではリピート率が高まりますし、電話応対のプロセスで顧客感動を目指した店舗では成約率と客単価が上がっています。

┃１つのセンターピンで口コミが押し寄せる

　この強みを活かしたプロセス発掘を**センターピン**と呼んでいます。

　ボウリングの真ん中のピンが由来です。１つのピンが倒れることですべてのピンが倒れることの意味で、入店から退店までのすべてのプロセスで顧客感動を作ることは難しいです。

　しかし、たった１つでいいから競合店が追随できないレベルのプロセスを作ることができれば成約率・客単価・リピート率を上げることができます。あなたらしいセンターピンを見つけていきましょう。

　そして、このセンターピンが見つかることでお客様は店舗に対する強い印象を受けます。しかも感動しているため言語化しようとします。

　たとえば「あのお店すごくよかったよ！」と言われても何が

良かったのかわからないですよね。そこで顧客感動した一番のポイントがあれば「あのお店の大学生アルバイト本当に気がきくのよ、会計したら待ってくれてて駐車場まで一緒に荷物を運んでくれるの。だからもう他のお店にはいけないのよ。しかもみんなイケメン（笑）」と紹介してくれるわけです。

これまではオフラインのみでの紹介でしたが、こういった印象を持ってもらうことで口コミ投稿の依頼をすれば感動しているので気持ちよく応対してくれるし、スタッフの名指し、長い文章で店舗を絶賛してくれます。

この熱量の高い口コミは次の新規のお客様を沢山集めてくれるのです。

余談ですが、最近口コミを集めるためにお客様にインセンティブを与えている店舗がありますがあれはグーグル口コミでは規約違反になります。また、「プレゼントがもらえるから書く」「値引きしてくれるから書く」という動機では見込み客の目に留まる口コミにはなりません。

熱量も低いため価値が低いです。

そんな姑息な手段を使うのではなくお客様が感動する店を作って口コミを投稿してもらうことを目指しましょう。

5 - 4 ストレスフリーシートを活用して顧客体験価値を上げよう［ストレスフリーシート］

ストレスフリーシートの作り方

　それでは、口コミ集客をしていく上で要となるストレスフリーシートを実際に作ってみましょう。本書の振り返りも兼ねて再度順序立てて説明をします。

プロセス	入店挨拶	商品閲覧	アプローチ	ニーズ確認	商品提案	試着	試着時提案	クロージング	会計	見送り
ストレス	挨拶がない									
対策	入店に気付けるように呼び鈴を自動ドアにつける									
一手間	お客様に体を向けて立って挨拶をする									

① 入店から退店までのプロセスを 10 個書き出す（できれば 20 個）

　まずはじめに、お客様が店舗に足を踏み入れてから会計をして店舗を出るまでのプロセスを、上の図を参考にしながら記入してみましょう。

図例ではアパレルの標準的な流れを書いていますが、あなたの業界のオーソドックスな店内滞在プロセスを明確にしてみてください。

　本書では 10 個書き出すことを目標にしますが、実際には 20-30 個まで細分化できると良いでしょう。

　細かくなれば細かくなるほど顧客が店内で受けとる可能性のあるストレスを細かいところまで気づけるので行き届いたサービスを実現することができます。

② 顧客が受ける可能性のあるストレスを可視化する

　続いて、各プロセスに潜在する顧客ストレスを明確にしましょう。

　図例にもある通り、入店挨拶に対して「挨拶がない」というストレスが考えられます。

　午前中によく、入店しても全スタッフが入荷検品や作業をしていて入店したお客様に気づかないという現象があります。

　この状態でお客様が来店すると気づかないため、誰も声が出ないという現象が起こります。

　するとお客様に「歓迎されていない」「この店は大丈夫か？」と思われても仕方ありませんよね。

　このように、**各プロセスに最低 1 つのストレスを書き出してみてください。**

　まだ表面化していないストレスでも OK ですし、思いつかなかったらこれまでいろんな店舗で接客を受けてきていると思うので、そこで体験した嫌な経験をプロセスのストレスに当ては

めるのも OK です。

③ 解決策は人によって質が変わらないようにしよう

　解決策を検討する際に、図例の「呼び鈴をつける」にもある通り 誰が取り組んでも同じ結果になる状態を作ることが大切です。

　たとえば、「笑顔での挨拶を意識する」となると人によってばらつきが出ますよね。

　誰もブスッとした顔でお客様をお迎えしたいとは思っていません。

　しかし、お客様の入店に気づいた人だけが挨拶をすればよい、となると誰も挨拶をしないという結果を招き兼ねません。

　だから、誰がやってもストレスが表面化しない状態を作るためのアイデアが必要なのです。呼び鈴をつければ「あっお客様が来店した！」と気づきますよね。

　これで全員が挨拶をするということが可能になります。皆作業や品出しに夢中になっているから気がつけないだけで、そこを解消すればストレス表面化は防ぐことができます。

④ 一手間は解決策に一つ加えるだけで十分

　最後の一手間はこれまでのクライアントワークでも一番難しく思われてしまうところで、お客様を感動させないといけないのではないかと構えてしまう人が多いです。

　そんなことはなくて、ちょっとした一手間で構いません。

　図例にもある通り、お客様の入店に気づいて「いらっしゃい

ませ、こんにちは」と伝えるのが対策で、一手間は立ち上がってお客様に体を向けて挨拶をする、です。

　以前クライアントにも「そんなことでいいんですか?」と聞かれたのですが OK です。

　日々店舗で働いていると、そんなことでお客様は喜んでくれるのだろうかと頭で想像した時に、イメージが湧かないこともあるでしょう。

　それでも良いのです。お客様はあなたのちょっとしたサービスや声かけでホッとしたり、素晴らしいなと思ってくれますから、安心して小さな一手間を考えてみてください。

　この手順でシートを埋めてみましょう。

　心温まる一手間のサービスは顧客満足度を向上させ、店舗や販売員に対して信頼を寄せる結果になります。

　そうすることで客単価も上がるし、小さな喜びが積み重なり「本当に素晴らしいお店!」と感動してもらえれば、口コミ投稿へとつながります。

　ぜひ、本書を読み終わったらすぐにシート作成に取り掛かっていただき、解決策の実施をしていきましょう。

　そして、全部終わったら一手間を加えて顧客を魅了していきましょう。

5－5 口コミ投稿は依頼をしなければ書いてもらえない

良い接客だけじゃダメ

　5年ほど前からグーグル口コミが今後の集客の柱になると考えていたこともあり、クライアントワークでも口コミ収集に余念がありません。

　口コミを集めるためには依頼をしなければいけないと伝えても初めの頃は「良い接客、サービスをすれば勝手に口コミが集まるんじゃないですか？」とほとんどの店舗の店長に思われていました。

　この思い込みのせいで口コミ収集の初期はなかなか集まらなくて手こずりました。

　良い接客をして、心からのおもてなしをすれば口コミは集まるのか？

　断言します。集まりません。

　今あなたの店舗のグーグル口コミや競合店の口コミをみてください。

　おそらく、口コミ収集の施策をしていなければ評価は思った

よりも低くなっているはずです（もし高評価だとしたら、今後収集に力を入れたら間違いなく地域ナンバーワンの繁盛店を作ることができるので即取り組んでいきましょう）。

　なぜ低評価の口コミが集まるのかというと、人は喜びよりも怒りのエネルギーの方が強いからです。

　良いサービスを受けて企業の HP のお問合せ窓口に「素晴らしいサービスでした！」と送るよりも「あなたの会社のこの店舗のスタッフ教育どうなってるの？」と怒りのクレームの方が多いのは容易に想像つきますよね。

　あなたが思っているよりも**喜びのエネルギーは行動に移りにくい**、ということを理解するべきです。だから、お願いをするのです。

▌ 口コミ投稿ガイドの作り方

　具体的にどうやってお願いをすればいいのか？
　当社クライアントの事例で紹介しましょう。

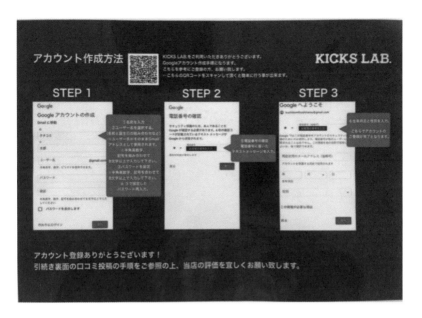

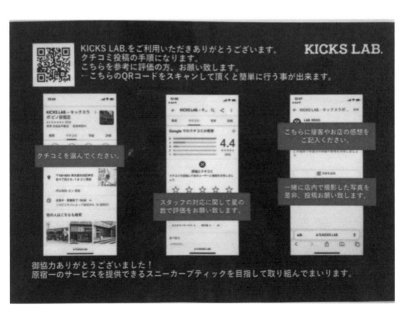

こちらの図は当社クライアントのあるスニーカーショップの**口コミ投稿ガイド**です。

3ステップ以内で手軽に簡単にできるようQRコードを用いてガイドを作成しましょう。

基本的にどのクライアントもこの標準的な流れで作成しているのでこのまま使っていただいても構いません。

ラミネートをすることでお客様への案内もしやすくなります。

1店舗当たり5〜10部ほどあると良いかもしれません。

特に販売員が少ない店舗であればお客様につきっきりで操作案内することができません。この用紙を渡すことで投稿の難易度は劇的に下がります。

手隙の時間帯であれば、操作を一緒にしながら投稿をサポートすることでさらに投稿率が上がると思います（ごく稀にですが、中には用紙を渡されて販売員が離れた隙に、チェアに用紙を置いてお帰りになる方もいます）。

アカウントを持っていないお客様のグーグルアカウント開設ガイド（iPhoneユーザー向け）、口コミ投稿の手順、この2つのガイドを表裏で印刷してラミネートするだけです。今すぐできますよね。

ぜひ作ってお客様の口コミ収集に役立てていきましょう。

5-6 投稿拒否は サイレントクレーム として即改善

▌ 満足の壁を乗り越える

　口コミ投稿を依頼しても中には断るお客様もいます。

　正直初めの頃は投稿してもらえる成功体験よりも「後で書いておきます」「面倒だから」「時間がない」といった理由で断られることの方が多いです。

　この失敗経験を野放しにすると口コミ収集が一気に減速します。

　そして、勧めるのをやめてしまう、という最悪のシナリオが待っているのです。

　なぜ、口コミを書いてもらえないのか？

　理由はとても明確です。満足・不満のどちらかになっているからです。

　「えっ？満足してくれているのに書いてもらえない？」と思うかもしれません。

　そうです、書いてもらえません。

　先述の通り、喜びのエネルギーは弱いため感動レベルになら

ないと書いてもらうことができないのです。

　たとえば、あなたがこれまでに足を運んで、満足するサービスを受けた飲食店や小売店で口コミ投稿をお願いされても「えっ？なんで？」と考えてどうやって断ろうかを検討するはずです。

　反対に、あなたがこれまで何度も通っている、いつも気の利いたサービスや「やっぱこの店がいいよな」と思うような、常連になっているお店の店主に口コミ投稿を依頼されたら、日頃の恩返しとばかりに投稿するはずです。

　覚えておいていただきたいのは、**口コミは満足・不満では書いてもらえない**、ということです。

　とても厳しい現実ではありますが、この壁を乗り越えれば一気に口コミが集まるようになるので、短期間で顧客感動を生み出せる店舗を作っていきましょう。

‖ 接客中に 20 秒反省する

　では、顧客のリアクションを参考に何をすればいいのか。

　それは、**サイレントクレームを発掘して即座に改善する習慣を作る**ことです。

　先ほど紹介したスニーカーショップでは、口コミ投稿を依頼する前には、試着した靴のアウトソールを綺麗にするという一

手間を設けています。

　高額スニーカーのため試着後のソールの汚れすら取るという素晴らしい取り組みをしているのですが、この待ち時間に口コミ投稿を依頼します。

　ここで書いてもらえる場合は、投稿方法がわからない可能性があるためそばでアウトソールの掃除をします。

　ここで断られた場合は、そばにいると気まずくなるため席を離れてレジ裏でアウトソールを掃除します。

　ここにはポストイットが置いてあり、今の接客でなぜ断られたのかを記述するようにしています。

　接客販売の自己評価は時間と共に忘れてしまいます。

　よく終礼時に反省を促す店舗もありますが、非効率極まりないです。

　なぜなら、ほとんど忘れており、閉店間際の接客しか鮮明に思い出せないからです。

　接客中に離席するタイミングを作り、20秒程度で接客を振り返る習慣を店内で作りましょう。

　口コミ投稿を依頼して断られた後のプロセスで作れると良いです。

　このプロセスを設けることで店舗全体の課題や個人の課題が浮き彫りになり、能力開発のテーマにすることができます。

　口コミ収集を始めてからクライアントもサイレントクレームと向き合うようになり、結果としてノーストレスの店舗が出来

上がり、さらに顧客感動の質が向上し口コミ投稿率アップにつながりました。

　2022年8月現在で、3年間で口コミが2500件集まった店舗もあります。

　はじめは月に3~4件しか集まらなかったのですが、今では150件以上集まります。

　それだけ顧客感動が当たり前の高品質な店舗が出来上がった証と言えるでしょう。

　このレベルにまで到達するともう集客で困ることはなくなります。

　仮に他社が追随しようと口コミ収集を始めたところで、月150件集められるレベルになるには時間がかかるため、追いつくことは不可能です。

　まだまだ広告型集客に依存している店舗が多いので、先行者利益が得られるこのタイミングで本腰を入れて取り組んでいきましょう。

　当社も今後は口コミ集客を事業の柱にしようと思っているのでいつでもお問い合わせください。一緒に地域ナンバーワン店を作りましょう。

5−7 口コミへの返信は 調和を取ることが大切

第5章 お金をかけずにお客様を集める口コミ集客

返信テンプレートは禁止

グーグルをはじめとした口コミサイトをご覧になり、来店の意思決定をする見込み客は既存客の口コミ内容だけで来店意思決定をしているわけではありません。

同じくらい意思決定要因になっているのが店舗からの返信です。

あなたも宿泊サイトなどで泊まるホテルの口コミをみることがあると思います。

多くの返信がテンプレートになっていて、がっかりしたことはありませんか？

私は毎回がっかりします。

顧客が時間をかけて指摘をしてくれている、お褒めの言葉を書いてくれているにもかかわらずテンプレートって……と悲しい気持ちになるのと同時に、HPではお客様におもてなしの心と書いてあっても、実際はそんなことないホテル運営をしているんだろうなと勘繰ってしまいます。

151

これまでには考えられなかったほどに、可視化された情報に対する解釈が多様化しているため、早い段階で口コミの返信テンプレートを卒業することが大切です。

とはいえ、返信していないよりはテンプレートでも返信した方が良いのは間違いないです。

▎ プラスの口コミにはマイナスを盛り込む

では具体的にどのように返信を書いていけば良いのか。

たとえばお客様が絶賛してくださっている口コミが入ったとしましょう。

「この度はありがとうございました。親切丁寧な接客で安心して買うことができました。スタッフの〇〇さんもお若いのにしっかりされていて、また次もお願いしたいと思いました。他にもお店はありますが、これからもお世話になろうと思います」と書かれていたとしましょう。

「ありがとうございました。担当の〇〇です。身に余るお言葉嬉しいです。またぜひいつでもお店に遊びに来てください。お待ちしております」と返信したとしましょう。

これでは不十分です。

なぜなら、口コミの返信はお客様向けだけではなく見込み客を意識した内容にする必要があるからです。

ここで重要なのは調子に乗らないことです。

つまり、**プラスの口コミがきたら必ずマイナスを盛り込む**、ということです。

「こちらこそ沢山の店舗から当店をお選びいただき、誠にありがとうございました。若輩者で至らない点も多々あった中、お褒めの言葉は今後の仕事の活力になります。再来店いただく際にはより良いサービスをご提供できるよう、日々精進してまいります」と書くと見込み客の来店理由につながります。

NG例とOK例の違い、わかりますか？

後者は「すごいな、褒められてるのにもっと成長したいって」と期待感が高まるのです。

┃ マイナスには真っ向から向き合う

次にマイナスな口コミを書かれたとしましょう。

「今回初めて来店してがっかりしたことがありました。それは、金髪のスタッフの子（名前はわからない）の接客態度があまりにも悪かったことです。タメ口で横柄な態度には怒りさえ覚えました。もう行くことはないでしょう」と書かれたとします。

多くの店舗はこういったマイナスな口コミを書かれたら返信しません。

このデメリットは「都合の良いコメントにしか返信しない不誠実な店舗なんだね」と思われることです。

この場合は「責任者の〇〇と申します。この度は当店をお選

153

びいただいたにもかかわらず不愉快な思いをさせてしまい、誠に申し訳ありませんでした。ご指摘いただいたスタッフと終礼後にミーティングを行い、以下の方針を決めました。①②③です。今後徹底し、お客様にご満足いただける店舗作りに努めてまいります。誠に身勝手なお願いではありますが、もう一度チャンスをいただけませんでしょうか。お客様のご来店をこころよりお待ちしております」と返信するのが良いです。

いかがでしょうか。

指摘に対しての具体的な解決策が提示されている点と、責任者の覚悟がうかがえますよね。

臭いものには蓋をするのではなく、**真っ向から向き合っていくことでマイナスな口コミも期待感に変わります。**

ぜひご自身の店舗の現時点でのすべての口コミへの返信にも役立ててみてください。

よく、本格的に取り組む際に過去の口コミはどうしたらいいですか？と質問をいただくのですが、可能な限り最新のものから返信した方が良いです。

口コミ返信のトレーニングも兼ねられるのでおすすめです。

5 - 8

集客につながる 質の高い口コミとは

‖ 写真付きの口コミが一番！

　口コミを集め始めて 300 件を超えたくらいから取り組んでいただきたいことがあります。

　それは、**質の高い口コミを集める活動**です。

　質の高い口コミとは閲覧をきっかけに来店する顧客を増やす口コミ、という意味です。

　では具体的に質の高い口コミとはどんな口コミなのか？

　それは、**写真付きの投稿**です。

　グーグルサイドも写真投稿を推奨しています。

　なぜなら、テキストよりも瞬時に店舗の様子が伝わるからです。

　「ものすごく綺麗なお店」と言われても人によって綺麗の度合いが違うので、店に足を運んでみて「綺麗だって言うから来たのに……」とがっかりするリスクがありますよね。

　この解釈の差を埋めるのが写真です。

実際、グーグル口コミを投稿する側の管理画面では投稿することにより得られるポイントがあります。

　特にポイントが貯まったら何かに換金できるわけではないのですが、どんどんレベルが向上するのでゲーム感覚で口コミ投稿を楽しむ仕掛けがなされています。

　ちなみに私は、2022年8月現在で、ローカルガイドレベル7で8821ポイントです。

　口コミ投稿する側の心理になるトレーニングも兼ねているのですが、あなたも口コミを集めてゼロ円集客をしたければ口コミ投稿する側の心理を学ぶことが大切です。まだグーグル口コミ投稿をしたことがなければ早速始めてみてください。

ポイント、レベル、バッジ について

ローカルガイドのポイント

Googleマップにコンテンツを投稿すると、ポイントが貯まります。訪れた場所の評価、クチコミ、写真や動画の投稿、質問への回答、場所についての質問への返信、場所についての情報の編集、地図に載っていない場所の追加、情報の確認にぜひご協力ください。

対象	貯まったポイント
クチコミ	1件につき10ポイント
200文字超えるクチコミ	1件につき10ボーナスポイント
評価	1件につき1ポイント
写真	1枚につき5ポイント
写真のタグ	1件につき3ポイント
動画	1本につきポイント
回答	1件につき1ポイント
Q&Aへの返信	1件につき3ポイント
編集	1件につき5ポイント
場所の追加	1か所につき15ポイント
道路の追加	1か所につき15ポイント
情報の確認	1件につき1ポイント
有効なリストの公園	1件につき10ポイント
説明（リスト内）	1件につき5ポイント

成田直人
ローカルガイド レベル 7・8821 ポイント

✏ プロフィールを編集

1387	12	0
件の投稿	人のフォロワー	人をフォロー

小売・サービス業専門のコンサルタントです。仕事柄出張が多いので各地で利用させていただいたお店のレビューと備忘録。日常使いの店は店舗コンサ…

⌄

　ポイントの付与をみてください。

　口コミをテキストで書くと 10 ポイントです。写真は 1 枚 5 ポイント付与されます。1 枚につきです。10 枚写真をアップすることで 50 ポイント付与されます。

　テキスト付与の 5 倍です。

　もうおわかりの通り、グーグルはテキストよりも写真重視なのです。

　理由はそれだけ本質的な価値が伝わるからですよね。

　実際に私のこれまでにアップした 1275 枚の写真（飲食店中心）も、表示回数が 4790040 回と「えぇぇそんなにみられているの？」と驚愕する回数です。

　それだけ見込み客も参考にしている証拠です。

┃ テキストだけだと消されてしまう

　また、写真を推奨する理由はもう一つあります。

　最近、クライアントでも投稿してもらった口コミが減る、という現象が起きています。

　それは、口コミ投稿しているのが 1 件（多くのお客様が初めての口コミ投稿をクライアント店舗でしている）のアカウントでテキストしかない場合です。

　なるほど、店舗に足を運ばずにレビューをしていると判断されているんだろうなと思っています。

せっかく投稿してもらった口コミを消されないためにも写真投稿を推奨します。写真がアップされていれば間違いなく来店していることがわかりますよね。現に、写真投稿付きの口コミは消されていません。

　また、口コミテキストのみのお客様でも口コミ返信に接客中のエピソード（たとえば、お客様の趣味のバイクのお話がとても興味深かった、など）が入っている場合は、消されているケースは見受けられませんでした。
　お客様の口コミは**できる限り長文で書いてもらい、写真付きで投稿してもらうことがポイント**です。
　このあたりの口コミ収集の方法は前作『究極の集客術』に詳細が書いてあるのでぜひ併読してください。よろしくお願いします。

爆売れ
必須の
接客ロープレ

Q

お客様が来店されました。
こんな時あなたは
どうしますか？

どこの店でも使っているあのワンフレーズでは
ありません

A

❶ ご来店ありがとうございます

❷ こんにちは～（こんばんは～）

❸ いらっしゃいませこんにちは～
（こんばんは～）

一番のベスト入店挨拶は「ご来店ありがとうございます」です。
沢山の店舗から選んでくれたお礼を伝えましょう。
「ありがとうございます」は自然と笑顔になれるという、副次的効果があります。
笑顔の練習をしなくてもお礼の言葉は自然と笑みになるので試してみてください。
一般的には「いらっしゃいませ」が多いですが、正直お客様はうんざりしています。
売り込まれるような印象を与えがちなので、せめて「＋こんにちは」を添えることで印象をよくすることができるのでおすすめです。

お客様が商品を見てます。
どんな応対を
しますか？

声をかける以外の選択肢が大切です

❶ 掃除をして近くで待つ

❷ 店内を動きながら時折視界に入る

❸ 近くを通ったら挨拶をする

入店挨拶をして、商品を見ているそばから声をかけるのはNG。

このお店はゆっくり見られない認定をされて、二度と来店してもらえなくなるから注意。

それよりも自然待機がポイントで、お客様のことを気にしながらも掃除したり、お客様に監視していると思われないように店内を動いて視界に入り、近くを通ったら「こんにちは〜」と挨拶すると、声をかけられやすいからおすすめです！

お客様が商品に興味を持っています。あなたはどう声をかけますか？

お客様が不快になるセールストークは封印しよう

❶ 声はかけない

❷ 目が合ったら挨拶

❸ 気になる商品はございますか？

基本的にアプローチはほぼすべてのお客様を不快にします。

あなたも店員に声をかけられて「必要ならこちらから声かけるから声かけるな」と思ったことがあるはず。

基本的に待機姿勢が重要になり、常にお客様の視界に入り、お客様が商品を手に取ってキョロキョロしていたら店員を探している証拠なので、目が合うように視線を向けましょう。

目が合ったらお客様から「すみません」と声をかけてくれます。

なかなか踏ん切りが付かないお客様がいたら「よろしければ」と、試着を強要するのではなく、「気になる商品ありましたか？」とお客様の気持ちに共感を示すアプローチをすることでお客様の感じるストレスを最小限にすることができます。

Q

どうやって
お客様のニーズを
引き出しますか？

商品を売るための質問であることが必須

❶ どうしてこの商品に興味を持ったんですか？

❷ これまでにどのような商品を購入されましたか？

❸ これまでにこのような後悔をしたことはありませんか？

基本的にヒアリングは二つの種類に分かれます。

❶ 現状確認　　❷ 潜在ニーズ発掘

まず、お客様が商品に興味を持ったのか？　と過去に購入した商品を確認することで購買パターンや趣味嗜好がわかります。そして「私がお客様の立場だったら買う商品」をピックアップしてニーズがあるかを質問します。

たとえば「つい同色を選んでしまいますよね」「言われてみればそうですね」「そうですよね。でも、こうしてコーディネートに相性の良い色の服も気分が変わりますよ。試してみませんか？」と商品提案へと結びつけていきます。

ここでのポイントは顧客の購買行動をしっかりと理解した上で提案する、ということです。

「こっちの商品の方が良い！」と思ったらどうやって提案しますか？

お客様になりきることでベストな提案ができる！

A

❶ ［潜在ニーズ］を叶えるこちらの商品はいかがですか？

❷ ○○な商品が良いです。なぜなら［潜在ニーズ］を叶えるからです。

❸ 私がお客様の立場ならこの商品を選びます。なぜなら［潜在ニーズ］を解決してくれるからです。

商品提案は、顧客の顕在ニーズを超える潜在ニーズを叶える（解決）商品である必要があります。
A商品を検討していたお客様に、B・C商品を提案するにはそれなりの根拠が必要になります。
顕在ニーズ＋潜在ニーズを叶えるわけですから、その分高単価になります。
気持ちよく受け入れていただくためにも、潜在ニーズをどれだけ深掘りできるかがカギになります。

Q

どうやって
試着に持ち込みますか？

お願いをするのではなく、お客様からお願い
されるように話を進める

❶ 試着させてもらえますか？と言わせる

❷ 今すぐご案内できますので、ご試着されますか？

❸ 私を信じて試着されてみませんか？

顧客憑依するレベルまでヒアリングをすることでお客様は完全に販売員を信頼しています。

だからこそ、活きるフレーズを紹介します。

まず基本的に、あなたが言いたいことはお客様に言わせるのが最もストレスなく済むので、購買意欲を4.5のプロセスで最大化するよう心がけましょう。

「他にも試着されますか？」よりもすぐに案内できるというワンフレーズが加わるだけで「じゃあ」とスムーズに試着につながります。さらに、関係が深まったことが実感できていれば「私を信じて」と今までのお客様自身では絶対に選ばかったような洋服や靴・各商品を試着に結びつけるフレーズもおすすめです。

追加販売をするには
どう提案するのが
良いですか？

関連商品を勧めることで購買率は上がるよ

❶ このお手入れ（少しの手間）で商品を最適な状態でキープできます（この後実演をする）

❷ お客様がお持ちの衣装（現状確認）を考えてもこちらの商品があるとさらにレパートリーが充実しますよ

❸ こちらの商品があると圧倒的に楽になります

追加販売をする際に「ご一緒にこちらもいかがですか？」と脈絡なく突然提案をされるとお客様は嫌がります。「なんで？」と思うからです。

だから、前後関係をしっかりと明確にした上で、お客様にメリットのある提案になるようフレーズを考えると良いです。

一般的に追加販売しやすい商品は、「メンテナンス商品」と「扱いが楽な（楽になる）商品」です。自社・自店舗で勧めやすい商品を発掘すると良いでしょう。

Q

クロージングで
断られないために
どうしたらいいですか？

\ヒント/

クロージングをしなくても売る方法もありま
す

❶ お客様自身が「これください」と言う

❷ これ以上の商品が見当たりません

❸ 後悔させません

基本的にクロージングは不要です。

価格＝商品価値であればお客様から「それください」と言ってくれるものです。

強引なクロージングは価格＞商品価値の状態で売ろうとすることで生じます。

販売員もお客様も精神疲労するからクロージングは控えましょう。

もちろん中には背中を押して欲しいお客様もいるので、そのときは最上の商品をお客様に提供しています、といった内容のフレーズを考えてみるのがよさそうです。

一例として「これ以上の商品が見当たらない」「後悔させませんから」と一言伝えるのも効果的です。

Q

お客様が喜ぶ
お会計をするには
どうしたらいいですか？

特別感を与えられるお会計になると良いです

❶ 支払いがクレジットカードであれば「○○様こちらにサインをお願いします」と名前で呼ぶ

❷ 支払いがQR決済の場合は、「こちらにタッチしてください」と、お客様の手元近くに端末を近づける

❸ 手元を見られるのでスピーディーに対応する

レジ対応は、不手際があるとせっかく購入した商品価値も台無しにしかねない重要なプロセスです。特に間違いが発生しやすいため注意をしなければいけません。その上で、お客様に特別感を与えることができれば接客価値も最大化されリピート・紹介に繋がります。

クレジットカードであれば名前がわかりますし、QR決済も機械が固定されていない場合はお客様の手元近くにもっていくだけで親切心を伝えられます。

また、包装・梱包・袋詰めは手元を見られやすいのでスピーディーに行い「早い！」という印象を与えられるとプロ感が伝わるのでおすすめです。

口コミを
投稿してもらうためには
どうしたらいいのか？

インセンティブを与えてしまうのはNGです

❶「お待ちいただいている間に口コミ投稿をお願いできませんか?」と、口コミ投稿前にできるギブを提供する

❷ 地域で一番のお店をつくりたいのでお客様の忌憚ないご意見をいただけませんでしょうか?

❸ 店内のサービス向上のために口コミ投稿のご協力をいただけませんでしょうか?

口コミを書いてくださったら○○プレゼントはNGです。絶対にしてはいけません。しかし、あえて口コミ投稿の時間を確保する施策は可能です。たとえば、「本日お客様の購入してくださった靴は試着で底が少し汚れています。2, 3分ほどお時間いただいて靴裏をクリーナーできれいにします」と一つお客様に店内滞在のプロセスを作ります。そして、「お待ちいただいている間によろしければ口コミ投稿していただけませんか?」と依頼をすることで口コミ投稿率は高くなります。また、投稿依頼をする際に、理由を伝えることが大切です。

お客様がまた
来店したくなるお見送りは
どうしたらいいですか？

感謝の気持ちの表現は大げさなくらいがちょうど良いです

❶ 店内にいる全スタッフからお礼の言葉「ありがとうございます」を伝える

❷ お客様の接客ができて嬉しかったです。ありがとうございました

❸ お手入れなど不明点があればいつでもお電話ください。お待ちしております。

お客様がレジを済ませたらすれ違うスタッフ、手隙のスタッフ全員から「ありがとうございます」を伝えることが大切です。

「ありがとうございます」は何人から言われても気持ちが良いものです。

そして、販売員からお客様に当てた特別なメッセージも効果的です。数多くの店から当店舗に、そして、私に接客の機会をくださりありがとうございますのメッセージは響きます。

また、購買後の不安を払拭することも忘れてはいけません。「これ大丈夫かな」「うまく使いこなせるかな」といった不安をお客様が感じている場合は、安心感で包むフレーズを伝えましょう。

能力開発シート

実例①

KICKS LAB.

8月 ビジネス書読書フォーマット

記入日： 8月6日   **読書期間：** 8月7日〜8月17日

スタッフ名： 山田第二郎

> ヒアリング力の方がしっくりきます。
> お客様満足だと幅が広すぎるので課
> 題特定しにくいですね。

自己課題： お客様満足

本のタイトル： 人は聞き方が9割

選定理由： 聞き上手になることで接客でお客様に満足して頂く

上長コメント：
※課題読書の本選定が本人の課題にあっているかもご確認下さい。

本を読んだコメント   ※期日：セミナー受講後、10日以内

聞き上手になることで話し上手になる。聞くことで相手を満足させ
ることができる。そのためには「魔法の傾聴」の所作が大事である。
表情、頷き、姿勢、笑い、感賛を使い、相手を気持ちよくさせる。
人は誰しも話したい生き物で、話す事で満足できるとのことだった。
また印象に残った言葉として、「人は孤独になると判断を誤る」との
こと。接客でも活かせるため、お客様に寄り添った接客をしていきた
いと感じた。

3つの実践項目

①： 自分の感情を表現しながら話を聞く

②： 笑わせるより一緒に笑う

③： 感銘＋賞賛＝「感賛」

実践項目の経過状況 ※期日：実践項目開始後、10日以内

①：感情をそのまま伝えることで共感する内容が出てきたりと共通事項を

　　見つけることもでき、距離を縮める手段として活用できている。

②：一緒に笑うだけで盛り上がった。

　　笑う際ももう少しオーバーにする必要がある。

> 素晴らしいですね！
> 実感のある振り返りが素晴らしい！

③：感銘だけだとあまり聞いている感が出なかった。その後の賞賛も話の

　　内容から抜粋して実践していきたい。

実践項目の結果

①：お客様が話した内容に自分の感情を素直に表現することでお客様との

　　会話が盛り上がった。

> これまでと違った価値観のインプット
> から見事実践して新たな選択肢を手に
> 入れたことが素晴らしいです！

②：笑わせることもあったが一緒に笑った方が正直楽だった。

　　前は笑わせなくてはという感情もあったが、一緒に笑っていた方が話題を

　　考える必要もなかった。

③：「へー」の後に「すごいですね」と付け加えることでしっかりと聞い

　　ている感じが出ていた。反応することで話して頂く機会が増えた気がする。

上長からのフィードバック

185

10月 ビジネス書読書フォーマット

記入日： 11月　　　　3日　　　　読書期間： 26日 〜 　　3日

スタッフ名： 山田第二郎

会社名：
所属店舗： 千葉美浜支店

自己課題： 挨拶（全てのお客様に視線・体を向けて挨拶できていない）

本のタイトル： 元ルイ・ヴィトン顧客保有数 NO.I トップ販売員の接客術

選定理由： 挨拶というより販売員としての所作や在り方を知りたい。
またハイブランドの接客とは…

上長コメント：
※課題読書の本選定が本人の課題にあっているかもご確認下さい。

本を読んだコメント
※期日：セミナー受講後、10日以内

ハイブランドなどお店の格式に関係なく、接客の基本は変わらない。
靴以外の話をしたり、一緒に悩んだり、喜んだりと普段自分が行っていたことも
記載されていたため、楽しんで頂きたいという気持ちは共通していた。
回遊のお客様が多いため声掛けのフレーズが思いつかないこともあったが、季節
や持ち物を使ったフレーズでの声掛けも実践していきたいと思う。
今売ることばかりに重きを置くのではなく、未来の売り上げを見据えてお客様との
信頼関係を構築していければと感じた。

3つの実践項目

具体的にどのような待ち方なのか？
いくつか選択肢を記入すると良いで
す。

①： 動的待機の徹底（棒立ちをなくす）

②： 「SHARE」お客様と一緒を基本とする（考える / 悩む / 喜ぶ）

③： 実売に至らなかった時ほど笑顔で優しく対応

実践項目の経過状況　　※期日：実践項目開始後、10日以内

①：店内閑散時は DP 整理やタグしまいなどの基本的な動的待機はできていたが、

混雑時やお客様の入りが多い際に棒立ちで止まってしまっているケースがあり、

接客に対して待ちの姿勢になっていることもある。

②：お客様と一緒にを意識できている。一緒に考え悩み何がいいか、何に合わせるか

をヒアリングを交えながらできた。またお連れ様も巻き込み意見を聞きながら

自分の意見も伝えることができている。

③：以前は素気無い態度を取ってしまったりしたこともあったが、

本を読んで以降笑顔での対応を続けている。実売に至らずとも、お客様から

感謝のお言葉を頂ける機会が増えた。

> 本を読んでからの対応が
> 具体的に変わっていて良いです！

実践項目の結果

①：まだ完璧に徹底できていないため、混雑時ほど店内を動き、声掛けられ待ちの

状態を作らないようにする。自然と声掛けができる距離感も少しわかった気がするた

め、お客様にあった距離感を保ち動向確認をしながら待機する。

②：お客様と SHARE することで親近感を持って頂けるケースが以前よりも増えたと

感じる。継続することで自然と SHARE することができているため、今後は無口のお客

様とも SHARE することを課題としていく。

③：実売に至らずとも笑顔でいることで自分の気持ちにも余裕ができた。

またその日のお戻りや数日後のお戻りで実売に至るケースもあった。

> 無口のお客様と具体的にどのように
> SHARE するのかアイデアを記載すると
> なお良いです。課題や改善点は、気づ
> きで終わらないことがポイントです！

上長からのフィードバック

187

テーマが大きいためやりきれずに未達が多いです。基本的に8割は完遂できる内容で取り組むことで達成感も得られますし成果も生まれやすくなります。

月成長シート

目標（テーマ）：顧客満足度の向上

記入日付　　　　年　　　月　　　日

氏名　　　　　　　　　　　　　　

解決するために何をする？	O or x
試着時に靴紐を結ぶ	×

能力・課題・悩み

お客様満足

解決するために何をする？	O or x
1日1回以上口コミ依頼をする。QWでのソールクリーニングを接客の度に提案	×

解決するために何をする？	O or x
「人は聞き方が9割」を読む	○

それぞれがメインテーマになるほど大きなワードのため右側の具体的なトレーニングがまだまだ考えられそうです。それであれば、「付帯販売率を20％アップする」を目標に掲げてシートを作成するともっと具体性が生まれるでしょう。

解決するために何をする？	O or x
何処で知り、どこから来たのかをヒアリングして必ず土地の話題を出す。そのためにネットでご当地ネタをインプットする	×

能力・課題・悩み

距離を縮める

解決するために何をする？	O or x
接客の最後にお礼＋次回の来店を楽しみにしているという一言を伝える。	○

解決するために何をする？	O or x
すべてのお客様に名刺の配布を行う。手渡しもしくは靴箱の中に入れておく。	×

解決するために何をする？	O or x
靴を選ぶ段階からシューケアについての話題を出す	○

能力・課題・悩み

付帯販売

解決するために何をする？	O or x
ソールの手入れを1日2回は実施。基本的にアプリ登録後、すべてのお客様へアプローチをする	×

何をしたらいいかは書いてあるので「どうしたらできるのか」を明確にするとトレーニングになります。

解決するために何をする？	O or x
先月よりシューケアの客単価（3153円）を3500円にアップさせる。案内がまばらになることがあるため接客時からケアの話をする	×

◇一ヶ月取り組んでみて良かったこと、うまくいかなかったこと（感想）

口コミは依頼する回数が増えた分獲得機会も増えたが、1日1回以上を毎日継続することができなかったため、次の月も継続して取り組んでいきたい。中でも付帯販売がカギになることがわかったため付帯販売率と金額を上げられるよう次月の成長シートを作成する。特に付帯率！

実例②
電機メーカー
営業

10月 ビジネス書読書フォーマット

記入日：_____

読書期間：10 月 11 日〜 10 月 21 日

具体的な改善策がないと成果に結びつきにくい。至っていない……では残りの 10 日でどうするのか？を考えましょう。

スタッフ名：_____

自己課題：セルフマネジメント強化

本のタイトル：セルフトークマネジメント入門

選定理由：自身の状態を管理し、パフォーマンスを発揮出来るようにするため。

上長コメント：
※課題読書の本選定が本人の課題にあっているかもご確認下さい。

本を読んだコメント　　※期日：セミナー受講後、10 日以内

自身の負の感情や状態を認識して、意識を別の方向に転換することで、パフォーマンスを向上させることが出来るという点は、興味深いと感じたが、実践するのは、非常に難しいと感じる。無意識的に、不安感や苦手意識など自然と発生するセルフトークに対して、意識を転換するには、日々の実践、試行錯誤が不可欠だと感じる

また、ネガティブなマインドが発生しやすい状況として、自分を守ろうとすると不安や緊張などネガティブな感情が生じやすい。最大限のパフォーマンスが出来るのは相手の立場・価値観に寄り添うときという視点は、営業活動に通じる要素は大きいと感じた。

3 つの実践項目

①： 自身の状態（感情・不安等）と、その原因を認識する（客観的に把握）

②： 相手に伝えたい内容を明確にすることを徹底する（目的・意思を明確化する）

③： 相手との対話を先延ばしにしない（認識齟齬や方向性の整合を取る）

実践項目の経過状況　※期日：実践項目開始後、10日以内

①：自身の状態を意識するようにしているが、

→　状態を上手く好転させるまでには至っていない。

②：打合せや日々の会話の中で

　　ゴール設定を更に意識する機会は増えたと感じる。

③：曖昧な状態や変に忖度せずに、懸念がある点は確認を行うよう、

　　より意識的に発言するようにしている。←

> 意識的にではなく、どうしたら発言を徹底できるのか？を考える必要があります。

実践項目の結果

①：自身の状態を意識はある程度出来ていると思うが、

　　ポジティブな転換までには至れていない。

②：限られた時間の中で、ゴール設定を事前に確認して、臨んでいるが、

　　相手との会話の流れや関係者が多数いる場合は、話が発散してしまう

　　ケースがあるため、その点は軌道修正の意識は必要

③：気がかりな点を曖昧なままにすることで、責任所在や

　　実行主体が不明瞭なケースは軽減出来ていると思う。

> 結果に対する振り返りは大切ですが、来月以降の改善に具体性が乏しいため、「意識」でとどまらずどうしたらいいのか？（たとえばピンポイントに解決する本を探して読むなど）を記載すると良いでしょう。

上長からのフィードバック

11月 ビジネス書読書フォーマット

記入日：

読書期間：11月11日〜11月20日

スタッフ名：

> チームマネジメントでスポーツの組織開発を参考にしたところが素晴らしいです。他業界から学ぶ視点はイノベーションにつながりやすい！

自己課題：チームマネジメントの向上

本のタイトル：個の力を武器にする最強のチームマネジメント論

選定理由：個々のスキルアップとチームマネジメントの関係性に興味を持った為

上長コメント：
※課題読書の本選定が本人の課題にあっているかもご確認下さい。

本を読んだコメント
※期日：セミナー受講後、10日以内

国立スポーツ科学センター長（久木留氏）著書で、世界に通じるアスリートの育成を通じて、個の力と組織の力をどの様に活用するかのヒントになった。アスリートの不可欠要素の身体的な備え（フィジカルレディネス）と知的な備え（コグニティブレディネス）の重要性は、個々のスキルアップに通じるものであると感じた。特に、コグニティブレディネスの構成要素の自己調整力（セルフレギュレーション）、適応力（アダプタビリティ）、持続力・耐久力（レジリエンス）はビジネスにおいても参考になる三要素だと理解した。

> PDCAは社内研修でも取り入れられることなので既知の情報となります。本を読むまで知るよしもなかったアイデアを実行に移すことがポイントです。

3つの実践項目

①： 個々のパフォーマンス向上を能動的にできる様にPDCAを活用する。

②： 個々のパフォーマンスの仕組み作りを意識したスキルアップを促進させる。

③： 日々の活動の成功・失敗事例を共有し、メンバー相互のスキルアップを図る。

実践項目の経過状況　　※期日：実践項目開始後、10日以内

①：毎週のグループミーティングでチームメンバー個々の成長シートの活用状況

　　共有とディスカッションによる継続的な活用定着化に向けた仕組みの検討。

②：2．自己のスキルアップ向上に向けた関連図書の読書

　　及び社内勉強会参加を行う。

③：グループの業務遂行上の課題をメンバーと共有し、一緒に対策検討を行い、

　　全員が当事者意識を持つ様に心掛ける。

実践項目の結果

①：グループメンバーの継続的な成長を目指し、個々の課題の洗い出しと

　　自身の客観的な強みと弱みを検討し、成長シートのブラッシュアップを行う。

②：自己の継続的な成長を目指して、関連図書の読書と行動の実践を行う。

> 経過状況と書いていることが同じです。
> どんな結果が出たのか？またその結果
> から何を学び翌月活かしていくのか？
> を明記することが大切です。

③：毎週のグループミーティングで出来た事と出来なかった事の共有と振り返り

　　により、行動プロセス改善を図る。

上長からのフィードバック

193

9月成長シート

テーマ：組織改善で業績アップ

記入日付　　　　年　　　月　　　日

氏名　　　　　　　　　　　　　　　

解決するために何をする？	O or x
メンバーに業務改善成功体験をしてもらう（2022年12月目標）	×

能力・課題・悩み
メンバーが長年続けている現行業務が最良と思い改善が進まない

解決するために何をする？	O or x
現行業務とありたい姿のタートル分析をおこない丁寧に説明する	○

解決するために何をする？	O or x
メンバーの業務内容を把握する	○

解決するために何をする？	O or x
知識を身に着けるために1冊／月本を読む	○

能力・課題・悩み
業務改善に必要な知識が少ない

解決するために何をする？	O or x
現場改善活動に毎回参加し同一業務内容の他グループの改善方法を確認する	○

解決するために何をする？	O or x
現場改善活動に参加し、他の業務を担当しているグループの改善活動を自己の業務に当てはめてみる	○

解決するために何をする？	O or x
常に承認業務しか行えないため、担当業務を体験できるテスト環境を確認する	×

能力・課題・悩み
システムを把握できていない

解決するために何をする？	O or x
業務改善／方法変更する際はシステム担当に相談する	○

解決するために何をする？	O or x
わからない事はヘルプデスクに確認する	○

◇一ヶ月取り組んでみて良かったこと、うまくいかなかったこと（感想）

改善成果が2022年12月のため成功体験はこれからですが、改善の過程でかなりの成果が見込める事がわかりメンバーのやる気を引き出せたと思います。担当者の業務内容はある程度把握できましたがシステムの入力方法等は体験できておらず改善提案が的を得たものかわからず、テスト環境の提供をシステムに依頼したいと思います。

目標やテーマが未記載のためゴールが不明確になっています。そのため何のための成長シートなのかがブレており、KPI が散見しており中途半端になります。

9月成長シート

目標 (テーマ)：未記載

| 記入日付 | 年 | 月 | 日 |

氏名

解決するために何をする？	O or x
ソリューションの商材を多く知識習得する	○

能力・課題・悩み
顧客への訪問頻度を増やす

解決するために何をする？	O or x
雑談の引き出しを増やす	×

解決するために何をする？	O or x
前の週にはアポを取り、そのアポに向けて活動をする	×

どれくらい増やすのか？先月対比何パーセントアップなのか、具体的な数を記入することで右側も具体的になります。

解決するために何をする？	O or x
原契約の理解 (引き継案件の為)	○

能力・課題・悩み
保守契約の更新

解決するために何をする？	O or x
法務部を含め、条項の変更を行う	○

解決するために何をする？	O or x
客先説明及び交渉	○

具体的な数字になっているのは良いのですが、「どのように達成するのか」が書かれていません。具体的に設定することで管理もしやすくなり KPI 達成率も向上します。

解決するために何をする？	O or x
顧客面談回数　23回／月の達成	○

能力・課題・悩み
KPIの目標達成

解決するために何をする？	O or x
顧客面談時間　28h／月の達成	×

解決するために何をする？	O or x
MIPシステムへの登録	○

◇一ヶ月取り組んでみて良かったこと、うまくいかなったこと (感想)

訪問頻度を増やすについては、社内業務の方法を変えないと時間が作れず、業務全般の工夫が必要。顧客の窓口も1つにまとまっている訳ではないので訪問したとしても、その顧客自体の工数が減る事はないので、業務の工夫をどうするかは継続した課題。

さいごに

ニセモノは消え、
ホンモノだけが生き残る

　本書を最後までお読み頂き、誠にありがとうございました。

　いかがでしたでしょうか。

　本書では客単価をあげることで顧客感動を作り出すためのテクニックのみならず、口コミ投稿につなげて集客コストを下げる方法を紹介しています。

　すぐにすべてに取り組んで昨年度対比20％売上アップ！みたいなテクニック本ではなく、じっくり店舗を育てて顧客になくてはならない店舗を作り、オンライン口コミの力を借りて見込み客に選ばれる店舗を作ることを推奨しています。

　やることは多いし、店舗のサービス基準も高いため手軽さはありません。

　さらに時間もかかるという腰の重い話も多かったと思います。

　15年間店舗コンサルティングをしてきた私が今、全事業を口コミ集客を中心に展開しているのもここに理由があります。

　地味で大変だからこそ乗り越えたらブルーオーシャン（競合とは無縁）が待っています。

　それだけ参入障壁があるからこそ、長く稼ぎ続ける唯一の方法だと思っています。

三匹の子豚の物語をご存じだと思います。

まさに、レンガで家を建てることが時間はかかるけど一番強いというあの話と本書はとても似ています。

顧客価値の低い店舗で、これまで広告で新規顧客を騙してきた（リピート率が低い）店舗は今後淘汰されていきます。

なぜなら、顧客は広告を見てすぐに来店せずに口コミを見るからです。

それだけ意思決定のハブに口コミはなってきています。

この口コミを集めるためにも客単価アップは欠かせません。

本書で紹介している通り、顧客感動がなければ口コミは書かれません。

顧客感動を作るためには、

①ストレスのない店舗作り
②一手間で小さな喜びを積む
③自店舗の強みを活かしたプロセス発掘

がベースとなります。

これらに下支えされて接客販売の価値は最大化します。

それこそが客単価なのです。

私はこれまでの書籍でも客単価＝顧客満足度と言ってきています。

単価が上がれば上がるほど顧客の想像を超える提案になります。

欲しい商品を右から左に売れば、何の印象にも残らないしリピート率はほぼ見込めません。顧客の欲しい商品を疑う（購買後リ

197

スクなど）ことで、販売員や店舗の介在価値が生まれます。オンライン購入が当たり前となった昨今の購買行動の中で店舗が生き残る道は本書に凝縮されています。

　これからの店舗運営・店舗経営のバイブルとしてご活用いただけたら嬉しいです。

　最後に、これまでに『トップ販売員のルール』『お客様はもう増えない！だから接客で客単価を上げなさい』『声をかけなくても！売ってしまうトップ販売員の習慣』『少ない人数で売上を倍増させる接客』と４冊の書籍を出版してくださった明日香出版社編集部の皆様、ありがとうございました。

　今回で５冊目となる中本書のテーマを選んでいただき、心より感謝申し上げます。

　担当してくださった藤田さん、畠山さん、本当にどうもありがとうございました。

　本書が、コロナで低迷した店舗ビジネス全体が目指す方向性の一助となれば嬉しいです。顧客にとってなくてはならないホンモノの店舗を一緒につくっていきましょう。

読者限定プレゼント

コンサルティングに実際に使用している能力開発シートを、ダウンロードすることができます。

https://japanblue.consulting/?clp=gachi_pre

※ 200 ～ 203 ページと同じシートです。
※本特典は、予告なく終了することがあります。

月成長シート

氏名

能力・課題・悩み		解決するために何をする？	O or x

解決するために何をする？ / O or x

解決するために何をする？ / O or x

解決するために何をする？ / O or x

解決するために何をする？ / O or x

解決するために何をする？ / O or x

解決するために何をする？ / O or x

解決するために何をする？ / O or x

解決するために何をする？ / O or x

解決するために何をする？ / O or x

能力・課題・悩み

能力・課題・悩み

能力・課題・悩み

◇一ヶ月取り組んでみて良かったこと、うまくいかなったこと（感想）

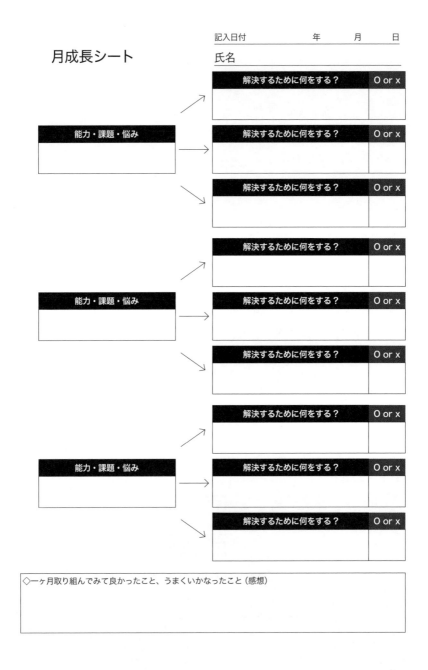

月グロウティーンシート

日付	取り組んだこと	時間
1日		
2日		
3日		
4日		
5日		
6日		
7日		
8日		
9日		
10日		
11日		
12日		
13日		
14日		
15日		
16日		
17日		
18日		
19日		
20日		
21日		
22日		
23日		
24日		
25日		
26日		
27日		
28日		
29日		
30日		
31日		

振り返り	総時間

○月 ビジネス書読書フォーマット

記入日：　　　月　　　日　　　読書期間：　　　日 ～ 　　　日

会社名：
スタッフ名：　　　　　　　　　　所属店舗：

自己課題：

本のタイトル：

選定理由：

上長コメント：
※課題読書の本選定が本人の課題にあっているかもご確認下さい。

本を読んだコメント	※期日：セミナー受講後、10日以内

3つの実践項目	
①：	
②：	
③：	

実践項目の経過状況　　※期日：実践項目開始後、10 日以内

実践項目の結果

上長からのフィードバック

［著者］

成田直人（なりた・なおと）

ジャパンブルーコンサルティング株式会社 代表取締役

19歳でABCマートアルバイト個人売上日本一を獲得。

その後マネージャーになり自店舗が昨年度対比1位、2位達成の立役者となる。

その後PC専門店PCデポに入社し7ヶ月で個人売上1億円を達成。

2007年「良い」よりも「成果が出る」をモットーに小売・サービス・営業専門教育研修＆コンサルティング会社FamilySmile（現：ジャパンブルーコンサルティング）を創業。

東証プライム上場企業を中心に250社のコンサルティング・教育研修・講演を手がけ、クライアントの多くが昨年度対比110％を突破し、中には1億以上の赤字が続く老舗企業を2ヶ月で黒字転換し大手経済誌の巻頭を飾る。4年半で売上3倍・利益20倍以上になった中小企業も出るほど研修とコンサルティングには定評がある。

ES・CS・CEを向上し、客単価アップ・リピート（紹介）率アップ・離職率ゼロ・新規集客コストゼロの超高収益企業・選ばれ続ける店舗づくりが得意分野。

現役販売員を務めるなど現場感に優れ、現在年間12000名の受講生を抱える日本トップクラスの講師として活躍中。

功績が認められ日本三大褒章の一つ中小企業のノーベル賞と言われる「東久邇宮文化褒章」を受賞。

セミナー講師ナンバーワン決定戦「S－1グランプリ」初代グランプリを獲得。著者としてもベストセラーとなった「接客の教科書」（すばる舎）「トップ販売員のルール」（明日香出版社）を始めとした15冊のセールスやマネジメント本の出版、2013年海外進出も果たし世界に「omotenashi」を広めるコンサルタントとして活躍中。

ジャパンブルーコンサルティング株式会社
https://japanblue.consulting/

接客ガチトレ　集客力・客単価UPの仕組み、教えます

2023年　1月 26日　初版発行

著　　　者	成田直人
発　行　者	石野栄一
発　行　所	明日香出版社

　　　　　　〒112-0005　東京都文京区水道2-11-5
　　　　　　電話　03-5395-7650（代表）
　　　　　　https://www.asuka-g.co.jp

印刷・製本	シナノ印刷株式会社